鵜飼健史
Takefumi Ukai

政治責任

民主主義とのつき合い方

岩波新書
1913

はじめに

政治責任の重さ？

本書は、政治責任とは何かを考える。

たしかに、政治責任を問う声は定期的に聞こえてくる。しかし、政治責任が果たされたのかどうかもわからないうちに、その声は、日々の雑踏のなかにかき消されていく。こうした一連の流れについて、私たち現代人はいささか慣れすぎているのかもしれない。政治責任を問うことはすでに日常的であり、それを看過することもまた日常的である。

本書では、喫緊の課題と言われながらも、いつも後回しにされてしまうような政治責任の特徴を、歴史や意味を解明しつつ、自覚的に問いかけてみたい。本書が想定する政治責任は、政治権力をもつ者による、公共的な手続きにしたがった権力行使によってなされる、集合的な応答関係である。それぞれの要素はどれも、他の責任の形式から政治責任を区別する特徴であり、以下で詳しく検討される。

あらかじめ言ってしまえば、政治責任のもっとも顕著な特徴は、「責任が果たされない」という性格だろう。それは、「政治に無責任がつきものだ」という、否定しがたい歴史的な事実を追認することではない。むしろ、こうした事実とは逆の事柄を意味するはずだ。

本書の目的に関して、映画『記憶にございません』(二〇一九年公開、監督・脚本三谷幸喜)にかなり示唆的なシーンがある。この作品は、記憶を失った総理大臣を主人公にして、政界のおかしさや歪《いびつ》さが浮き彫りになるコメディー映画であり、次のようなオープニング・テロップとともに開演する。「この物語はフィクションである。登場する人物名、団体名、国名はすべて架空のものである。実在するものと似通っていたとしても、それはたまたまである」。

さて、私たちが注目するのは、総理大臣(演：中井貴一)とやさぐれたフリーライター(演：佐藤浩市)との、酒を交えての二人だけの私的なやりとりである。このシーンは、総理大臣が政界の旧弊に立ち向かう覚悟を決めて、その手段を講じるような、ストーリーの展開上の重要な局面ではあるものの、内容への深入りは控えよう。総理の真摯さに触発されて、フリーライターがマスメディアの政治部記者だった自らの過去をおもむろに語りはじめる。

フリーライター　政治部の記者が、政治家に聞いちゃいけない質問って何だか分かるかい？

総理大臣　フッ知りたいですね。

フリーライター　「政治責任をどうお考えですか？」　若い奴らは二言目には「政治責任」と言いたがる。「どうお考えですか？」と言われたら、「非常に重いです」って言うしかねえだろ。
総理大臣　ハハッなるほど。
フリーライター　俺も若いころ、先輩によく怒られたもんだよ。

フィクションの世界でのやりとりとはいえ、政治責任が「非常に重い」ということは、私たちの共通理解として本書の前提にできそうだ。

しかし問題は、それがなぜ、どのような意味において「非常に重い」のか、である。たぶん、若かりし日のフリーライターも、それが訊きたかったのではないだろうか。そして、それが本書の取り組む問題である。

本書の構成

本書の目標はそれほど野心的ではない。それは、政治責任とは何かについての慢性的な消化不良から解放されたいという、ささやかな望みだ。政治責任に関する議論をいよいよ終わりにしたいのだが、はたしてそれはどのようなかたちで終結するのか。本書の議論の先にどのような光景が広がっているかは予断を許さないが、それでもそのルートについては、ある程度の下調べは済んでいる。

「第1章　無責任な政治のなかの責任」は、現代社会の責任のあり方を確認し、本書が対象とする政治責任の範囲を確定する。また、日本の政治・社会史と対応させながら、政治責任のごく簡単な概念史を展開する。この試みは、政治責任を考えるという私たちの目下の課題の略歴に関する、自己紹介でもある。さらに、現代政治のもっとも顕著な症例といえそうな政治不信との関係で、本書の立ち位置についても確認しておきたい。政治責任に関する歴史と現状を確認すること、さらに一歩踏み込むなら、責任を取らない政治の文脈と形状を明らかにすることで、私たちの課題の妥当性を詳らかにする。

「第2章　責任がある」は、政治責任があるという状態の意味について、ハンナ・アーレントの責任論を補助線にして解明する。その際、アイリス・ヤングなどによるアーレント批判との対話を通じて、「責任がある」という状態の特徴に目を向ける。そして、これまで学問的に発展してきた権力論にもとづき、政治責任のあり方を確認する。また、応用問題として戦争責任論について触れることで、「責任がある」の政治学的な意味の理解を深めたい。

「第3章　責任を取る」は、政治責任を取る行為の内実の分析を目的としている。「政治は結果責任」という言葉を真に受けることからはじめ、政治における選択と可能性への注目に、政治責任論を導くことになるだろう。さらに、アカウンタビリティに関する問題群にまで分け入り、責任を取ることの特徴を見つけ出す。また後半では、マックス・ウェーバーの政治理論を参照しながら、「責任を取る」とはだれが、何を、どうすることなのかが検討される。

「第4章　無責任から責任へ」は、これまで本書が定式化してきた政治責任を現状にあてはめてみて、その取らせ方を構想することを主題とする。ここで対峙するのは、無責任な政治とよぶべき状態である。丸山眞男の「無責任の体系」論の再考察から話をはじめて、政治における無責任の内実を分析する。こうした分析の理路は、無責任な政治はそもそも政治なのかという根源的な問題にも触れることになるかもしれない。政治責任が取られない原因を究明するとともに、何をなすべきかについて、地に足のついた議論を展開したい。

「第5章　政治責任の未来」は、本書の政治責任論を、従来の学知や社会分析に接木することを目的とする。本章は、責任概念の批判的考察をこれまでリードしてきたウィリアム・コノリーの政治理論が、あらためて考察の対象となる。また、自己責任を高々に謳う現代のグローバル社会において、政治責任論のあるべき姿も模索される。本書の最後を飾ることになる本章は、いわば政治責任のふさわしい居場所を探すために展開される。

［付記］

本書中で参照した翻訳については、既訳を参考にしつつ、文脈にあわせて手を加えている。

目　次

第1章　無責任な政治のなかの責任

1　現代政治の責任

責任のいま

ともかく責任がもとめられる時代である。

私たちの生活には責任が溢れている。人間の行動や知識、あるいは商品が増えることは、人間社会の幸せを増やすことになるかはわからない。しかし、確実に言えそうなのは、人間社会が複雑になるにつれて、責任が量的に積み上がるということである。より正確には、責任があると解釈される、さまざまなつながりが増える。それは世界人口が増えるという単純な事実によっても確かであるものの、移動や情報や資金のやりとりの増加に付随して責任はますます増加する。

記憶にあまりに鮮明な、新型コロナウイルスの感染拡大に対処するための、緊急事態宣言にともなう移動や営業の自粛を考えてみよう。人と人との物理的な接触機会を減らすことは、飛沫などによる感染拡大の阻止に(どの程度かは今後の研究成果を待ちたいが)有効である。そしてこの措置は対人関係における責任の発生を、たしかにかなり減らすことになるだろう。たとえば、無症状病原体保有者が他人にウイルスを感染させることに関する責任は減るだろう。さらに、外出にふさわしい身なりを整えたり、約束の時間に遅れないようにしたり、あるいはにこやかにあいさつをするなどの、人間関係に付随する多くの責任から解放されるかもしれない。

だが、外出自粛が社会の総量としての責任を減らせるかについては、かなり不透明である。たとえば、自宅で子供の世話をしなければならないし、コロナウイルスとの共存生活についての知やふるまいを身につけなければならないし、スケジュールの再設定をしなければならない。そもそも、在宅自体が責任としてみなされる。そのため、人との接触機会を減らすことは、現代社会に生きる私たちにとって、責任を確実に減らしてくれるような措置ではなさそうだ。

いまや、私たちを何重にも取り巻く責任は、ますますその重みを増しているかもしれない。以下でもみるように、たしかに現代人は自らの人生や生活について、過剰に責任を負わされているはずだ。しかし、こうした増殖する責任のあり方は、世の中のあらゆる事象の神秘さを取り払い、科学的な説明を提供してきた私たちが、同時に手にした副産物なのかもしれない。

選択と責任

本書では、責任を、人間を主体とした、ひとつの特定の関係性として理解している。責任とは、主体が(どのようにかはさておき)応答しなければならない関係の性質である。別の言い方をすれば、主体の想定に応じて、責任の想定もかなり変わりうる。

すべてが選択可能な対象となり、他でもない、私たち自身の選択に懸かっているため、自らに関して応答する責任が発生する。こうした責任発生のメカニズムは、もちろんその実情とは区別されるべきではある。すなわち、ある事象の科学的な因果性が解明されようとも、そしてその選択の幅が実はそれほど大きくないと判明したとしても、それが人工的で作為的とされるかぎり責任が読み込まれる。

たとえば、大学に進学することは、国民生活の質的な向上、時代に適合的な人的な分別基準を要求する社会編成、専門知を受け入れる社会的土壌、そしてある程度の進学への経済支援の整備などによって、実情はともかく、より選択可能なものとなっている。あるいは結婚もそうだろう。それが社会的な慣習として私たちの生き方を制約していた時代に比べて、現代では結婚相手を含め、いっそう選択可能なふるまいとみなされる傾向にある。だからこそ、こうした選択が、より個人的なものとして、私たちが責任を負うべき対象となる。

つまり、現代社会は責任が網の目のごとく張りめぐらされており、各人がそれぞれにがんばる社会である。雨が降るのは自然現象で私たちの責任ではない。しかし、天気予報を確認せずに傘をもってこないのは私たちの責任かもしれないし、それが近年激発している都市部でのゲリラ豪雨であるならば、それをもたらす地球温暖化の主因である、現代のエネルギー消費社会の末端に暮らしている自らの責任かもしれない。

こうした責任が増殖する情勢で本書が問うのは、責任のごく一部分にすぎない政治責任である。本書は、家族、宗教、文化、倫理、社会、経済、芸能界などにおける責任は扱わず、あくまで政治における責任の形態を問題にしたい。

責任を語る政治

責任が過剰に読み込まれる社会情勢において、政治ももちろんこの傾向と無縁ではいられない。というよりも、政治が気安く責任を連呼することで、こうした風潮を助長している向きすらある。たとえば次のようなケースから、政治による責任の語り口を考えてみよう。

熊本県荒尾市の全市議一八人に花の鉢植えを贈るなどしたとして、公選法違反（寄付行為）容疑で書類送検され、不起訴（起訴猶予）処分となった同市のA市長（五六）は二八日、コメントを発表して改めて陳謝した。しかし報道陣の記者会見の開催要請には応じなかった。市議会などからは「不起訴とはいえ違法行為で、市長がこれで幕引きと考えるのは許されない」との厳しい声も上がった。

地検が処分内容を明らかにした同日午後、A市長は市役所で報道陣に囲まれ、取材対応などを求められても無言を貫き、市議会側への報告などに追われた。

市長選前に複数の神社に日本酒を贈ったとして、同容疑でA市長を告発した住民の一人は「検察の処分は釈然としない。公選法の形骸化につながりかねず、疑問が募る」と憤慨した。

A市長から報告を受けたB市議会議長は、市長自らが提案した給与減額案が「軽過ぎる」などとして否決された点に触れ「地検の処分を受け、政治責任は自ら判断すべきだ」と話した。（二〇一六年六月二九日付、西日本新聞朝刊。一部表現を変更）

やや文脈がわかりづらいかと思う。A市長は市議に鉢植えを贈ったことが問題化した際、その責任を取るとして給与の二割を三カ月カットする条例案を議会に提出した（二〇一五年六月の荒尾市第三回定例会）。これに対して、本案が「軽過ぎる」という意見もあり、また判断材料の乏しさや司直の判断を待つという目論見で、議会は本案を否決していた。右のニュース報道はその司直の判断結果を報じるものであるが、この間にも、A市長による自らの市長選前の日本酒の贈与などの新たな問題も発覚していた。

政治責任の語られ方に関して、この荒尾市のケースはおよそ私たちの通例の理解と合致している。法的責任と区別された政治責任を政治家が負っており、市民の信託に反するような行動をした場合に、その履行がもとめられる。だがその責任の取り方は、市民感覚からすれば不十分である（本ケースでは議会から明確に拒絶された）。またコメント上で陳謝するものの、関係諸氏に対する入念な対応とは正反対に、記者会見の開催要求には応じず、無言を貫くなど、市民に対する説明責任をＡ市長がどこまで果たそうとしたのかは、うかがい知ることはできない。こうした政治責任に関する一連の流れは、もはや既視感すら覚える。

政治責任の落としどころという意味でもこのままでは気が晴れないので、やや本論から脱線するが、本ケースの展開をもう少し追ってみよう。不起訴処分を受けて、Ａ市長は給与の二割を三カ月カットする条例案を議会にふたたび提出した（二〇一六年九月の荒尾市第五回定例会）。だが議会は、この間の問題発覚や市のイメージダウンなどがあり、処分が軽すぎるという判断から、原案を再度否決する（「荒尾市議会だより」一二七号）。こうして政治責任が宙吊りになってしまった。（軽い）政治責任を取りたい市長と取らせたくない議会、あるいは（重い）政治責任を取りたくない市長と取らせたい議会の間で、政治責任は立ち往生してしまった。

しかし、思わぬかたちで本ケースに決着がつくこととなった。懸案だった市民病院の移転問題の行き詰まりを理由にＡ市長が辞職（二〇一六年一二月）し、さらに出直し選でも落選することで、Ａの政治責任を問う土俵が失われてしまったのだ。

これを一件落着として解釈することも可能かもしれない。だれもがそれほど傷つかず、やっかいな政治課題のひとつが、関係者たちのある程度の納得のもとで、自然消滅したのだから。

だが、いったん召喚してしまった政治責任は、ほんとうに消え去ったのであろうか。最後にババを引いて丸ごとの損害を被ったのは、私たちの政治に対する信頼感ではないだろうか。

国政の責任

私たちが不意の既視感に襲われたのは、もちろんニュース・メディアで普段から報道されることの多い国政で、似たようなケースが散見されるからに他ならない。さらに、右のケースとは異なって、政治責任を取らせるような直接的な制度的な手段を国政が欠いているため、私たちの政治責任をめぐる消化不良はより深刻と言えるかもしれない。いくつかのケースを取り上げてみよう。

行政主催の会合に、一般参加者を装って不適切な動員を行う「サクラ」の問題を巡っては、第一次安倍内閣の二〇〇六年にも政府の教育改革タウンミーティング(TM)などで、参加者の動員や「やらせ質問」が発覚した。教育基本法改正に向けた世論誘導の疑いがあるとの批判が高まり、安倍晋三首相や関係閣僚が陳謝し、給与返納などの対応に追われた。

〔……〕

政府の調査の結果、小泉純一郎政権下の一七四回のTMのうち、参加者の動員が約四割、発言者の事前指定が約六割の会合で行われ、発言内容まで指定した「やらせ」も一五回あったことが判明。発言者六五人には謝礼五千円も支払われていた。政府は関係者を処分し、運営していた内閣府の担当室は廃止に追い込まれた。

〔安倍〕首相は国会で「私の官房長官当時にもそういう行為が行われていたとすれば、私にも政治責任がある」と自らの責任に言及した。（二〇一九年一二月一七日付、西日本新聞朝刊。一部表現を変更）

このやらせタウンミーティングでは、調査委員会の報告を受けて、安倍首相は俸給三カ月分を国庫に自主的に返納した。荒尾市のケースでも同様だったが、政治責任の取り方として、金銭的な代償が可能なのかは、もう少し議論されてもよい点であろう。この点は、本書の後半で検討してみたい。

本書のねらいに直結するので、近年の国政レベルでの責任問題、あるいはより適切に表現すれば政治責任の消化不良について、さらにみておこう。

森友学園を巡る疑惑と自衛隊の日報隠蔽《いんぺい》が泥沼の度を深めている。九日の参院決算委員会で、野党は政権が責任を役人に押し付けていると攻撃。安倍晋三首相は真相究明こそ責任だとかわし続けた。

民進党・藤田幸久氏「不都合が起きると政治家は官庁に押し付け、自分は逃げ切りを図る」

首相「実際行為に当たった人が責任を認識しなければいけない。全て私が責任を取ればいいという話ではない」

野党は、森友文書改ざんの責任を財務省理財局の現場にかぶせ、政治側は責任を負っていないと問題視。陸上自衛隊イラク派遣部隊の日報隠蔽も同じ構図を政権が描いていると追及を重ねた。首相は「私が責任を逃れているイメージを植え付けようとしている」と必死に切り返した。（二〇一八年四月一〇日付、西日本新聞朝刊）

このケースで特筆すべきは、言及された責任の多様性である。それぞれの責任はどうやら内容において共通していないようだ。さらに注目すべきは、首相は自らの責任を認めている点である。そして、真相究明に向けて行動することで、責任を果たしていると考えている。責任の存在が否定されない点は、政治責任をめぐる議論をより複雑にしている。

錯綜する責任

別のケースを紹介しよう。第四次安倍第二次改造内閣では、経産相および法相が有権者買収疑惑を報じられたことを受けて、発足まもなく辞任していた。

閣僚二人が立て続けに辞任した異常事態を受け、衆院予算委員会の集中審議が開かれた。安倍晋三首相は「任命者として責任を痛感している」と述べ、国民に陳謝した。首相は既に「任命責任は私にある」と繰り返し認めてきた。国民が知りたいのは、その先だ。具体的にどのように責任を取るか、である。

当然、野党はこの点を突いた。ところが、首相は「行政を前に進めていくことに全力を尽くし、国民への責任を果たしていく」などと答弁した。（二〇一九年一一月八日付。西日本新聞朝刊）

（首相による直接の任命に関わる政治責任である）任命責任が、国民が納得するかたちで、実際に取られたケースは、これまでありそうにない。健全な組織・集団であれば、人事権の行使の失敗はその資質への疑念を高め、大いに評判を傷つけるはずだが。

安倍晋三首相は九日、新型コロナウイルス感染拡大を巡り、一斉休校要請などの感染拡大防止策を講じながら緊急事態宣言を出すに至った結果について「政治判断の責任は自分にある」と文書で答えた。七日に行われた首相の記者会見で質問できなかった複数の報道機関からの質問に対し、官邸報道室を通じ発表した。

七日の会見で首相は、感染抑止に失敗した場合に関し「私が責任を取れば良いというものではない」と述べており、修正した形だ。（二〇二〇年四月一〇日、西日本新聞朝刊）

ここにおいて、もはや本書のねらいはあきらかであろう。「責任がある」ということと、「責任を取る」ということは、同じ意味や同一の行為ではない。本書はこの視角から政治責任のあり方を検討し、政治責任論のグランドデザインを提供することを目指したい。

各国政治と責任

お説教臭くて、欺瞞に満ちた責任を語る政治は、どうやら世界的な傾向のようだ。別の新聞から責任の語り口を国際的に参照してみるが、こちらでは「政治的責任」と記載されている。やや遅ればせの表明ではあるものの、本書では「政治責任」と記述することとし、それとの内容的な区別は想定していない。

さて、結論を先に述べておくと、日本での政治責任の語り方は特殊というわけではない。

イタリアのコンテ首相は一〇日、新型コロナウイルスの感染防止のため、全土で実施している人の移動制限を五月三日まで再延長すると発表した。〔……〕
記者会見したコンテ首相は「これまでの努力を無駄にできない。難しい決断だったが、私がすべての政治的責任を負う」と述べた。現時点で規制を緩和したら犠牲者が増えるリスクがあるとも強調し、国民に協力を求めた。当初、移動制限措置は四月三日までだったが、一三日まで延長した。一部の店舗は一四日から営業再開を認める。（二〇二〇年四月一一日付、日本経済新聞夕刊。一部表現を変更）

これはイタリアの首相による、政策的判断に関して自らに「責任がある」という宣言に関するニュースである。この文脈では、責任のある・なしが重要な課題だというよりも、「責任がある」と表明して社会的な秩序の安定に寄与するような、政治的な意図を読み取ることができそうだ。「責任がある」という宣言自体は、政治的な立場にかかわらず一般的にみられる。

ベトナムで第一三期国会第四回会議が二二日開幕した。同国のズン首相は冒頭挨拶で二〇一三年の経済成長率の通年目標を「前年比五・五％とする」と話した。五・二％成長を見込む一二年に続き、六%を下回る見通しを示した。経済運営の失敗に関して「(自身の)政治的責任を認める」と述べた。国営企業トップの汚職や不祥事が相次ぎ、銀行の不良債権も拡大した。経済運営を担うズン首相の責任を問う声が高まっていた。(二〇一二年一〇月二三日付、日本経済新聞朝刊)

少なくとも九一人が死亡したギリシャの山林火災への対応をめぐり、チプラス首相が窮地に立たされている。当局の対応の不備が被害拡大につながったとの批判が広がっているためだ。チプラス氏は「この悲劇の全ての政治的責任を負う」と釈明しているものの、批判を鎮めるのは容易ではない。(二〇一八年七月三〇日付、日本経済新聞夕刊)

念のため申し添えると、ベトナムとギリシャの両首相ともすでに首相職を辞しているが、それはこれらの失政の直接的な政治責任を取った、あるいは取らされたためではない。やはり「責任がある(負う)」と「責任を取る(果たす)」は、どこか質的に異なるようだ。

国内外での政治責任について簡単に触れてきたが、それが不正や失政に対する糾弾やそれを可能にする論理だという印象を読者に与えてしまったのであれば、すぐに釈明したい。たしかに政治責任は、こうした非常時にしばしば聞かれる言葉ではある。しかし、本書ではもっと広い展望で政治責任の意味を考えている。

政治責任の共通理解

本書は、政治責任の不明確さの理由を掘り下げながら、それをふまえた上で、いかに責任を取らせるかを構想する(権力関係から逃れられないことに起因する、こうした概念の不明確さは、政治に関する諸概念の「本質的に論争的な性質」と政治学ではよばれている)。とはいえ、政治責任の外周についての共通理解はもちろんある。だれが、何を、どうやって、責任を負うかに関して、政治責任の基本的な語りを確認して、本書の議論の可動域を明らかにしておこう。

「だれ」については、政治責任を負うべき主体はもっぱら為政者が想定されてきた。それゆえ、為政者をどのように想定するかが実質的な問題である。通例では、選挙を通じて選出されるような公職者である。端的に言えば政治家だ。

たしかに現代社会では政治家以外の公職者の果たすもろもろの役割が大きいが、議論を整理するためにも、これらは政治責任からいちおう区別しておこう。これらは、政治的判断の対象と一義的に区別された、おもに行政や司法に関する法的責任の対象である。もちろん、こうした統治権力をしっかり管理できているかは、政治責任を評価する上で重要な課題である。本書では、「だれ」に関する問題はもう一捻りあるのではないかと考えているので、以下の章であらためて検討してみたい。

「何を」に関して、政治責任は政治に関する責任である、と言っても、政治とは何かが確定していないので、こうした規定はあきらかに意味がない。やや奇妙に聞こえるが、「政治」自体もまた、本質的に論争的な性質をもつ政治的な概念の典型でもある。ただ、ここに拘泥していると話がはじまらないので、本書では政治を公的ルールをつくる活動として理解したい。

政治は法的な関係(および法的責任)を与える機能を果たす。このとき政治責任は、こうした政治的な活動・機能に関する責任である。より限定するなら、政治的判断あるいは決定に付随し、その主体が負うべき関係性が政治責任である。本書はこうした一般的な理解を前提とした上で、政治責任の意味を解析して、実践的に役立ててみようとする試みである。

政治責任の「どうやって」については、比較的に明瞭な共通認識がある。民主社会では、政治家は選挙を通じて選出される。政治責任の観点からすれば、選挙はたんなる票の獲得競争の場ではない。政治家たちは、選挙において、市民に対して実現すべき諸課題を提案する。そして市民はそれにもとづいて、だれが政治家にふさわしいかを選択する。すなわち、選挙は情報提供にもとづく政治家と市民の合意形成の過程でもある。そのため、政治家は選挙で口にしたことを実現しなければならない責任がある。そして政治家は、自らの政治的な活動が市民の信託に合致していることを、議会での論議や各種メディアによる発表などを通じて、明らかにしなければならない。市民もまた、政治家の活動について、それが政治責任に適っているかという観点で、監視や抑制を怠ってはならない。そして、仮に政治責任を果たしていないという疑いが生じたときには、それに関する説明が必要となる――おそらく、本書を手にした読者のみなさんは、政治責任の循環過程をめぐるこうした教科書的な説明やその実効性には不満だろう。

選挙は責任付与とはずいぶん実態は異なるし、政治家たちも政治責任を達成しようと意識しているようには、とても見えない。競争的な選挙が民主主義の重要な要素であるとしても、無風選挙区や比例名簿などの合法的な道具の存在で、その競争性が実質的に否定されているとすれば、選挙が儀礼化しているような非民主主義諸国と、私たちの民主主義はどこまで異なっているのか。政治責任の「どうやって」が比較的に明瞭であるのなら、逆に、それを達成できない現状に私たちは悩まされているのである。

本章冒頭でも確認したように、個人の選択可能なものの増加に付随して、責任がますます日常化する情勢で、政治の責任はいっこうに取られない。責任をめぐって、この不公正にも思われる状況が、政治責任をあらためて考え直す背景である。

本書は残念ながら、こうした政治責任をめぐる幾重にもわたる悲劇の連鎖を一挙に断ち切るような、大どんでん返しは準備していない。しかし、まずは政治責任とは何かを考えてみて、そこから導き出される責任の取らせ方について、実直に追求してみたい。すでにみてきたように、政治家たちもまた、かなり都合よく責任を語り、私たちを置いてけぼりにしている。そして本書が書かれた最大の動機であるが、そもそも政治責任とは何かを、この政治劇場の関係者一同がいまいちよくわかっていない。実のところ、政治学も政治責任についてわかっている体でやり過ごしてきた。もう少し真摯に考えてみると、何か見えてくるものがあるかもしれない。

2 責任と日本戦後政治史

責任の語られ方

本節では、いくつかのねらいから、これまで政治責任が戦後政治学・政治評論の中で、どのように語られてきたかを掘り下げてみたい。

そのねらいは、第一に、学問的な作法に則って、先行研究が政治責任に関していかに論じてきたかを確認した上で、本書のオリジナリティを模索することである。第二に、政治責任に注目することで、戦後政治史において、何が問題となり、継承されてきたかを明らかにする。つまり、歴史的な課題としての政治責任の特徴を考えてみたい。そして第三に、現代の私たちの直面する政治責任の特質を浮き彫りにする。それは現在、政治責任がどのような意味で語られているのかを確認し、本書を取り巻く同時代的な環境を把握する。このように、かなり欲張りすぎたねらいではあるが、できるだけ簡潔に要点のみを抽出したい。

最初に簡単に整理してしまうと、戦後日本政治史における政治責任の語られ方について、およそ三つのピークがある。

最初の山は一九六〇年代にあり、戦後政治学の父たちを論者として『中央公論』や『世界』などの論壇誌で、政治責任の定式化が図られた。第二の山はおよそ八〇年代で、顕在化してきた政治腐敗を背景に、自民党長期政権に対抗する政治責任のあり方が、憲法学者を中心に論じられた。そして第三の山は二一世紀以降の言論空間であり、政治責任が厳密な学的論究から巣立ち、政治・社会評論の分野で戦わされるようになる。

政治責任という視角から現実政治を観察する手法は、雑誌記事検索の結果にしたがえば、戦前にはほとんどなく、戦後になって台頭してきた。戦前社会では、第1節で簡単に整理したような、政治責任という概念が未成立であったことと関連していそうだが、本書ではその確定はできない。似たような表現で明治期から用いられているのは、「責任政治」や「責任内閣」である。これらは政策の方向性に腰が定まらない政府に対して、批判や激励を浴びせるような言葉である。これらは戦前からつづく政治批判の常套句のひとつであり、こんにちでも、まったく同じ言葉を使わないとしても、発想や作法は継承されている。

政治体制の変化にもかかわらず、責任のある政治という要請が百年以上の長寿を誇っているのは、その内容が不定形である点と、だれも傷つけない点のためであろう。後者について言えば、政治に関して責任をもてという説教は、人生に責任をもてという説教同様に、あまりに一般的でだれもが受け入れやすい。説教する側の立ち位置が問題となるかもしれないが、およそどのような政治情勢においても妥当しそうな、政治評論の一般形式である。本書もまた責任政治を要求したい。ただし、その内容を確定するために、政治責任のあり方を分析する。

政治責任の奪取

戦後政治学における政治責任の語りに注目するなら、日本政治思想史家の神島二郎が比較的早い段階で、ある程度まとまった議論を展開している(「指導者の政治責任」『中央公論』七五巻一〇号、一九六〇年)。

神島によれば、戦後一五年間は国民的目標が不在で、「政治指導の大空白時代」だった。現代の言葉を用いるなら政治的なリーダーシップが欠けており、政治の目標もあいまいな時代を過ごしたということだろう。つまり、上述の表現を用いれば、「責任政治」の不在である。それがなぜ生じたかについての彼の現状分析は措くとして、その原理的な主張は、「いかなる体制も政治指導」がもとめられ、「民主主義体制には民主的指導が必要であり、民主的指導者が必要」ということだ。

ただし神島は、民主的なリーダーシップが、指導者の心がけだけの問題ではないと承知している。

〔政治権力を私的に利用して、一九六〇年五月一九日に新安保条約を強行採決した〕私政府が、不幸にして一ヵ月あまり存在した。これが、政治指導の空白時代最後の決定的瞬間である。この決定的瞬間において、おおくの国民が憤りを発して立ちあがったのは、けだし当然である。

こうして国民は、みずから立って指導者たちをその名にふさわしくきたえ直す仕事に着手するとともに、みずからをもきたえ直すいとぐちをつかんだ。

国民が、その指導者たちの責任をきびしく追及するとともに、自らの修練を図るのである。後者が意味するのは、「日本国民を民主的国民として再生」させ、「国民的自主を達成する国民運動」としての自己形成である。神島はその運動の指導原理として、「言葉の正しい意味におけるナショナリズム」以外にありえないと主張する。

現代の目からしても、安保闘争を政治責任の角度から論じ、国民による責任の奪取という方策に導く議論はかなり興味深い。敗戦後、唐突にはじまった民主主義体制に、政治責任を原理的にどのように組み込むかという問題意識を垣間見ることができる。

松下圭一と政治責任

一九六七年には政治学者の松下圭一も、政治責任を独特の切り口から政治の原理に位置づけている(「構造変動と戦後民主主義――多党化過程における政治責任を検討する」『世界』二五七号)。

この論考が背景とするのは、(当時野党の)公明党が衆議院で議席を獲得したことが象徴するように、多党化が現実のものとなろうとし、その恩恵を受けるかたちで自民党支配がかたまりつつある段階である。この論考はこうした政治・社会情勢の分析を主題とするものの、政治に関する理論的な考察も試みている。

松下が論じる民主主義とは、「客観的制度や個人的信条」だけではなく、「政治家、政党・政策、体制をめぐる批判・選択への国民の自発的参加」である。松下は、当時の多党化傾向を、「民主主義の拡大と工業の深化の過渡期における一時点」として評価している。おそらくこの評価は、現代の後知恵をもってしても、正鵠を射たものと言えそうだ。

それでは政治責任はどこにもとめられるのか。松下が主張するのは、「野党第一党としての社会党がいまだにこの変動への対応に失敗しているという、革新運動の政治責任がそこで問われている」ということである。つまり、工業社会への移行に合致した政策的・制度的な対応と、市民的自発性を集約して多数派を形成することを政治責任の中身とし、それを野党第一党に問うている。それを一般化した表現があるので、参照してみよう。

支配と抵抗という階級の論理は、大衆民主主義的政治過程では、国民のそれぞれの生活の場をふまえた政党、政策の選択によって日常的に動態化し、体制選択へのチャンスを拡大するという視角がここにきりひらかれる。この意味で、それぞれの革新政党は、流動的な大衆民主主義的政治過程のなかで、市民的政治資質を成熟させてきた国民の日常的批判につねに責任をもっていなければならなくなったのである。

なるほど、政治責任は政権や与党だけのものではない。自発的な市民の選択可能性を担保するという意味で、それは野党にもある。もっとも、この時点では、革新政党が市民的自発性の受け皿になるという意味での実践的な責任も、そこに読み込まれていたのは確かだろう。

政治責任をひとつの軸として現代政治を分析する視角は、市民自治や政策型思考を体系化していく松下圭一の後年の仕事では、市民、自治体、政治家、あるいは国会などの政治責任論に結実していく。そして、根本的には、「〔責任の分かち合いを可能にするような市民自治を実現する〕法制改革は、それこそ主権の主体としての国民の責任」によって、なされるのである（「市民参加と法学的思考」一九七三年、『戦後政治の歴史と思想』ちくま学芸文庫、一九九四年に所収)。

「政治責任とは何か」

一九六〇年代の学的な議論では、政治責任が従来の「責任政治」から区別されており、政権与党の職業政治家にはもちろんのこと、そうではない人びとや組織にも、それが読み込まれるようになっていた(同時期に展開されるハンナ・アーレントおよび丸山眞男の政治責任論については、次章以降で扱う。同時期の西ドイツでの政治責任論には、アーレントも寄稿している『非政治的人間の政治責任』(福村出版、一九七二年)がある)。

このころのもっとも洗練されている論考が、行政学者の辻清明による、その名に違わぬ「政治責任とは何か」(『世界』二五四号、一九六七年)である。本論考は一般向けの講演会での発表を活字化したものなので、その雰囲気を損なわないように気をつけて参照してみたい。

辻の講演会も、やはり責任という言葉が日本社会に氾濫しているという指摘からはじまる。もちろん、政治もその例外ではない。やや長いが以下の叙述でも参照するので、次の文章を引用しておきたい。

先きごろ、「首相は責任を取って解散せよ」という質問に対しまして、「責任ある政治家は、軽々に解散なぞはできません」と答えている。「不始末をしでかした大臣は、責任を取ってやめさせるつもりはないか」、答え「責任政党としましては、大いに粛党の実をあげるつもりであります」。また、大量の選挙違反者を出したある議員に対して、「責任を取ってやめなさい」と勧告したところ「私を支持してくれた多数の専売業者に対する責任からいってもやめられない」。これ漫才ではありませんよ。いずれも深刻な雰囲気のなかでの問答です。（強調は原著者）

この「漫才」がしめすのは、責任が本質的に論争的な概念だということである。それが意味するのは、その指示内容や使用法に一致がなく、それぞれの権力関係を背景として用いられるということである。

この「漫才」は、現代社会における政治責任の語られ方を簡単に確認した前節にすでに登場していたので、既視感を覚えた読者もいるかもしれない。あらかじめ言ってしまうと、第二のピーク（一九八〇年代）を論じる際にも、具体的な文脈のなかでこれはふたたび登場する。政治責任が問題化される際に生じる、お決まりの型と表現できそうだが、本書はこれとの縁切りを画策している。

制度か原理か

さて、責任概念の論争性についてはいったん措いておこう（次章であらためて検討する）。辻清明は「制度への責任」と「原理への責任」というふたつの責任のあり方を、政治に関する責任論に導入する。両者の意味するところを確認したい。

「制度への責任」とは、制度の要求している範囲内の責任である。辻が指摘する例をそのまま用いるなら、警備員であれば、定められた対象範囲の安全を守るのがその責任である。逆に言えば、それ以外の責任を負わない。「制度への責任」は、ルールが人間に課す程度や範囲によって生じる責任である。

これに対して「原理への責任」とは、制度より上位にある原理によって生じる責任である。それは制度をつくりあげている原理への自覚が、行為を責任としてみちびく。たとえば、学校の先生は、生徒の教育が「制度への責任」ではあるものの、その模範的なふるまいや授業時間外でのさまざまな雑事への積極的な取り組みが、先生としての「原理への責任」となる。「責任感が強い」と表現される状態は、しばしば「原理への責任」を意味している。「責任政治」という表現が意味するのも、こちらだろう。

「制度への責任」が低次の責任意識だと言いたいわけではない。それは制度によって責任範囲を明確にすることで、過剰な責任の負担から責任者を解放する。だが、辻も指摘するように、

「制度への責任」のみに没入すると、「専断的命令と盲目的服従」の関係性の中に身を置くことになり、自発的に対応する責任が生まれない。やや硬い言葉で整理すれば、「制度への責任」の追求が自発性を奪うことで、自らの選択可能性に付随した責任の発達を阻害するのである。

こうした状況に際して、「原理への責任」は「人間を無責任の存在に転化する危険をできるだけ救うという効果」をもっている。だが、この責任をあまりに強調すれば、教師を過剰労働に追い詰めるように、自発性の強要になりかねない。

そのため、両者のバランスはもちろん絶えず注目されていなければならない。それを踏まえた上で、辻によれば、「行為の結果が規範意識で判断される職業分野では、制度への責任よりも、むしろ原理への責任」が重視される。そして、「政治という活動もまた、人間の言動を拘束する権力を扱っているために、その効果についても、やはり規範的な判断が必要」である。

さて、こうした責任に対する二元的な理解にもとづくなら、先ほど引用した「漫才」に、ふたつの責任意識のすれ違いをみてとることができるだろう。権力者の側が「制度への責任」に依拠しているのに対して、それを批判する側が「原理への責任」を論じている。辻は、この「漫才」を日本の政治家個人の問題としては捉えていない。むしろ、議会制民主主義が高度に発達することで、原理から制度への責任の転嫁が不可避的に生じるのである。

そのため必要となるのが、政治責任の「本卦帰り」である。ここで辻は政治家の役割で興味深い点を指摘する。「制度の枠内で行動する政治家は、絶えず制度を創り上げた活力としての原理への回帰作用を促進する義務を負っています」。制度による支配が緻密に体系化された政治の世界では、「創業の精神をたえず制度のなかに回生してゆくことが、政治家の国民に対する最大の責任になるわけです」。

本卦帰り

さらに興味深いのは、「本卦帰り」を可能にする方法を、辻清明がすでに(本書にとっては予備的に)いくつか考察している点である。

ひとつは、原理を思い出させる象徴的な仕掛けである。たとえばそれは、議会に据え置かれた、イギリスであればクロムウェルの像であり、スイスであれば住民総会の風景画である。これに対して日本では、正面に玉座が置かれた、帝国議会の舞台装置をそのまま引き継いでいる。そのため、

原理への回帰作用を起そうにも起せない仕組みになっている。あるいは原爆下の広島か長崎かの図でも議場正面に掛けるということも一案でありますが、まず無理な相談でしょう。ですから、象徴の意味ということは、政治にとって必ずしも無意味なことではありません。

そして、「原理への責任」を呼び起こす象徴の作用は、政治家だけでなく、規範意識を必要するような職業にも適用される。辻が指摘する例は、欧米の警官の制服に貼り付けられた認識票である。それは警官の職務のみならず、市民に対する責任を明示し、行為の自己制御が促される。

ふたつめに、政治家と国民との直接対話も、「原理への責任」の自覚を促進するような機能がある。辻が挙げるのは、何らかの災害に見舞われたとき、現場に駆けつけて対応する外国の政治指導者たちの事例である。これに対して、日本の場合、責任がある政治家はそうした行動を取らない。そこでは、政治家は「原理への責任」を取らず、本来は「制度への責任」のみを負うはずの秘書官がそれを負うような、「倒錯した責任の体系」が生まれている。

とはいえ、辻清明は「倒錯した責任の体系」の出現を、政治家たちだけに帰責するものとは考えていない。もっとも広く言えば、社会自体の「保守的習俗」が、この体系の培養を促す。また彼が指摘するのは、日本には「権力を異常に崇拝する事大意識が強く、権力ある地位への憧憬や権力に近接することによって、なんらかの価値を得ようという性向もなくはありません」。この指摘はたしかに直感的ではあるものの、現代でも一定の妥当性がありそうだ。

にもかかわらず、権力行使の最大の責任を負っているのは、与党の政治家である。日本では、諸価値の獲得に、権力の地位が密接に連動しているためである。また、そのため、近代的な価値観を導入し、「保守的習俗」を「合理化」していくのに、与党議員の言動はきわめて大きな責任があるからである。

しかし、与党や職業政治家の政治責任の追及だけで話は終わらない。辻もやはり政治に対する国民の責任を見逃さない。「政治家の責任が無限定であり原理的であるのに対応して、国民の側の責任も、また有限ではなく、原理的です」。その責任は二重である。ひとつは政治を理解し、それに協力する責任である。そしてもうひとつは、徳性に反する政治を問責する義務である。すなわち、政治家の政治責任を問うことが、私たち国民の政治責任である。

一九六〇年代の政治責任論を簡単に総括すると、政治責任を民主主義の原理的・実践的な定着という文脈で論じたと言えるかもしれない。政治責任は、政治家たちによる責任のある政治を全うさせるための論理というだけでなく、なにより国民の主体化に帰着するような原理であった。

いまに名を残すような政治学者たちが健筆を振るった政治責任論は、現実の社会や政治で責任が氾濫し、空転するような、エリート間での剝き出しの権力政治的な状況に対抗して、民主主義の見取り図を提供するものであった。たしかに戦後の十数年のうちに、民主主義の制度的な定着はいちおう達成された。政治責任論の第一のピークは、こうした外皮の内側で、民主主義の原理的な定着を求めるような批判的な理論として登場した。

政治責任と刑事責任

政治責任論がふたたび活況を呈するのは、一九八〇年前後、より厳密に言えば七六年以降である。それが田中角栄元首相の逮捕に至る、ロッキード事件に刺激を受けたのは自明であろう。以下では憲法学者の杉原泰雄による『国民代表の政治責任』(岩波新書、一九七七年)を中心に、政治責任の論述をフォローしてみたい。

正確には、ロッキード事件がしめすような大規模汚職の存在が、杉原を同著の執筆に向かわせたのではない。むしろ、ロッキード事件の発覚にもかかわらず、その後に「政治責任や構造的汚職を処理する権力運用の論理」に変化がほとんどみられなかったことが、いっそう深刻であった(同上、一九二頁)。それでは、政治責任はどのように論じられたのか。

杉原が一貫して強調するのが、違法行為に関係する刑事責任と政治責任との区別である。政治責任が対象とするのは公権力による不当行為である。国民世論の後押しを受けて、政治責任の追及を行うのは国会である。国会は国政調査権によって真相究明に尽力する。

だが、こうした政治責任の理解は、自民党政権の主張する責任の取り方と衝突する。自民党政権もまた、少なくとも表向きは無責任を許しているわけではなく、自らの考える責任政治の実現を意図している。すなわち問題は、責任か無責任かではなく、責任と責任の衝突であり、それが政治責任をいっそう不透明にする元凶とよぶべき性質である。

自民党政権の論理は、次のようなものであった。すでに刑事手続が開始されているので、関係者の人権の尊重、とくに無罪推定の原則からすれば、関係資料の非公開は当然である。そして、権力分立、検察権・司法権の独立の要請からすれば、刑事裁判の公平な運用に影響を及ぼすような国政調査は自制されなければならない。つまり、人権と司法手続の独立という論拠での、刑事責任の優先論である。

刑事責任の政治責任に対する優先論を、杉原は以下のような理由で批判する。ひとつめは公権力の性質にかかわる。「主権者にかわって公権力を担当する者は、主権者の利益のためにそれを行使すべき義務をもっていても、私益のために濫用する権利をもっていない。しかも、公権力の濫用は、個人の権利濫用の場合と異なって、全国民に災禍をもたらす」(同上、八頁)。公権力の担当者は、一般国民と異なり、その公権力の性質から特別の政治責任を負うのである。

ふたつめは、政治責任の原因が担当者の違法行為に限定されない点である。政治責任の対象は不当な行為や不適任性も含まれる。すなわち、公権力の担当者としての資質が問題となり、辻清明の表現では「原理への責任」が問われる。さらに、政治責任の有無を判断するのは、違法性を判断する裁判所ではなく、主権者としての国民を代表する機関である議会となる。

注意すべきは、議会の任務が事実経過や法的責任の細かな検証や量刑ではないということだ。政治責任は、国民にとって、公権力の担当者としてふさわしいかという判断であり、「違法・不当・不適任の疑いを立証するだけで足りる」。杉原の言葉を用いれば、「疑わしきは権力担当者の不利益に」である。

このふたつめの論点は、他でもない私たち現代人に対して、次のようなメッセージをもたらすだろう。

まず、不当さに関する疑惑を晴らすことができなかった権力担当者を、「余人をもって代えがたい」という論理で留任させるのは不可能だ。権力担当者は疑惑によって職務を解かれるためであり、次の余人を当てがうのが政治責任だからである。それを履行しない公権力は政治責任を果たしていないと判断されるだろう。

政治の世界に「余人をもって代えがたい」という事象はない。それは皆が能力的に差がないということではなく、政治責任と個人を分割することが可能で、責任が集合的に継承されつづけるものだからである。この点は次章で詳しく考えたい。

さらに、国政調査権の発動である証人喚問の際の、「記憶にございません」や「刑事訴追のおそれ」による証言拒否に対して、政治責任論は批判を組み立てることができる。これまでの論旨からすれば、刑事責任と政治責任の混同という切り口で取り上げるべき事例かもしれない。

だが、注目すべき別の角度の解釈として、こうした証言拒否は疑惑を晴らしていないという点で、公権力を担当する責務に値しないことを自ら証明する、と言える。すなわち、悪事があったことが判明しなかったので大丈夫、ではなく、悪事がなかったことが判明しなかったので、政治責任を引き受けなければならないのである。

さて、杉原泰雄による刑事責任の優先論に対する批判の論拠に話を戻そう。彼が最後の論点として指摘するのが、国民代表としての地位である。政治家は公権力を担当するので、一般国民と同様の法的保護を受ける権利が放棄される。政治責任は、国民との関係において成立する権力規制のあり方であって、法的責任とは性質が異なる。

なにをなすべきか

杉原泰雄『国民代表の政治責任』は、さらに一歩踏み込んで、政治責任が追及されなかった理由も検討している。

ひとつは政権与党の事情である。自民党は党利党略の政治を推し進める一方で、公権力の私物化を制限するような方針を持ち合わせていない。もうひとつは国民の事情である。たしかに自民党による政権運営やロッキード事件に対する個別の憤慨はあったものの、直近の総選挙でも自民党に勝利をもたらし、政治責任の追及をどこまで真摯にもとめているのかは怪しい。公権力や政治責任という考え方が不足しているのは、職業政治家だけでなく、国民も同様である。そのため、問われるべき課題は、なぜ公権力と政治責任という考えが国民意識に定着していないのか、である。杉原の分析を簡単に羅列しておこう。第一に、国家独占資本主義段階において、国家権力が私的独占体に従属し、公共的な倫理が発展しないので、こうした考えが根を下ろさない。第二に、日本の対米従属状態は、日米安保体制を維持するために政治責任の犠牲を厭わない。

この第一と第二の主張は、戦後日本の政治社会の歴史的な特殊性に、公権力と政治責任の考えの未発達をもとめる指摘で、その妥当性はともかく、当時の学的雰囲気をうかがい知ることができる。ただし、杉原自身も指摘するように、これらは権力担当者における政治責任の不在を説明できるかもしれないが、国民レベルでのその未定着を十分に説明できない。

そのため、国民一般の政治責任論の不在を説明するのに、第三に、日本における市民革命の欠如が挙げられる。この点は杉原泰雄の年来の主張であり、『国民代表の政治責任』でも他の理由との叙述のバランスが完全に崩壊している。要約で許していただきたいが、その内容は、民衆の主体的な政治参加による市民革命が欠如していることによって、近代的な公権力の観念が根付かず、それに対する政治責任という意識が発生しない、ということである。

第四に、保守主義的な政党が権力を独占しているため、公権力の私権力化に歯止めがかからない。

そして第五に、政治責任を追及する制度と論理の不備である。この点は、杉原の主権理論と接続しており、また第三と第四がしめす日本固有の政治史的な理由と区別されている。一般的に、(日本国憲法を含む)近代市民憲法は、国民代表による権力濫用について、その政治責任を追及する制度を十分に準備できていない。なぜなら、こうした憲法体制が、主権を所有・行使する人民にもとづく人民主権ではなく、抽象的で観念的な存在である国民にもとづく国民主権を原理とするためである。人民主権であれば、人民にその意思の執行の監督権があり、代表はその意思に拘束される命令的委任とされ、投票によって公職者の任を解くリコール制などが導入される。

これに対して国民主権では、主権の行使が国民代表に委ねられて、抽象的で観念的な主権者の利益を実現するかぎりでの責任を負う(同上、一二三頁)。個別の人びとの意思にもとづき政治責任を追及する手続き的な保障は、国民主権に依拠するかぎり、近代市民憲法の政治体制では確保されないのである。

いまや、なにをなすべきかは明らかだろう。公権力およびそれと不可分の政治責任の観念の国民意識での定着と、政治責任の追及手続きの制度化である。

だが、これらは政権交代があれば、すぐに可能になるわけではない。最後に杉原の生の声を聞いておこう。

変化が、議会における議席数の変化、党派間における地位の変化でしかないのであれば、民衆にとっては不幸なことである。たんなる党派間の利害の交替にとどまるのであれば、構造的汚職や政治的無責任の根を絶つことにはならないからである。変化が、「公権力」や「政治責任」の観念を顕在化させ、それらを権力運用の実効的な原則とするものであるときに、政治ははじめて民衆の方向に転換することになるであろう。（同上、一九三頁）

この後に何度かの政権交代を経験したいまとなって、この杉原の言葉に、それでも恥じらいなくその通りだと首肯できるのを、私たちの成長とよべるのかはわからない。

追加された論点

杉原泰雄は、田中角栄の一九八三年一〇月一二日の東京地方裁判所による一審判決（懲役四年・追徴金五億円の実刑判決）を受けて、「政治責任と刑事責任・再論」（『世界』四五八号、一九八四年）を発表する。

先に政治史の流れを確認しておくと、この判決に対して、田中は議員辞職を拒絶し、即日控訴する。また中曽根内閣は解散を決意し(このタイミングで同論考が執筆されたようだ)、一九八三年一二月一八日の総選挙では自民党は単独過半数に至らなかったものの、新自由クラブとの連立で第二次中曽根内閣が発足することになる。同総選挙で、田中は新潟三区で自身最多の二二万票余りを獲得し、連続一五回目の当選を果たす。

同論考は基本的に、『国民代表の政治責任』を圧縮したもので、いっそう論旨が明快である。とはいえ、いくつか異なる点もあるので、その論述に注目したい。ひとつは、ひきつづき懸案である、公権力と政治責任の認識不足への対応として、地方自治の推進を称揚する。中央と地方を媒介する自民党支配の利益誘導型の政治の顕在化や、地方における革新自治体の台頭というような歴史的な背景が反映された主張に思われる(反面、同論考では国家独占資本主義や対米従属といったマクロ理論は論及されなくなる)。

もうひとつ明らかな変化は、選挙に対する期待である。先述したように、『国民代表の政治責任』では、選挙に対するややシニカルな理論的な態度で結んでいた。しかし一九八三年の年末の段階では、ロッキード事件発覚後の二度の衆議院総選挙でも政権を維持する自民党と、新潟三区でトップ当選をつづける田中の存在を目の当たりにして、ともかく政権交代を、という希求が露呈している。そして迎えた総選挙の結果は、すでに述べた通りである。

こうした一連の選挙結果は、ロッキード事件に関して政治責任を回避する自民党政権に、人権尊重論と権力分立論に加えて、あらたな正当化の手段を与える。それは選挙による禊ぎ論である。政治家の出処進退の決定権は主権者である国民にある。この一見、真っ当な主張に対する杉原の応答は、国政調査権によって構造的汚職の実態が解明されておらず、「国民に適正な判断をするための必要な情報や資料」が提供されていないので、選挙が禊ぎの効果を果たさない、というものである。

なるほど、たしかに一理ありそうな応答ではあるが、必要さの程度をめぐって水掛け論になりそうな予感もする。本書では選挙による禊ぎ論に対して、別の角度からの応答を第3章で準備している(一九八〇年代に精緻化される政治責任論の集大成として、辻村みよ子「「政治責任」の論理と態様」『法律時報』六二巻六号、一九九〇年がある。同論考によれば、禊ぎ論についての「論理的正当性を承認せざるをえないことになるのは否定できない」のは、「選挙の信任機能、政治責任追及機能が正常に作用し、又は作用しうる制度的条件(中央に依存しない地方自治制度の確立を含む)が完備しているならば」である)。

同時期の政治学分野の議論についても、ごく簡単に触れておこう。政治思想史家の佐々木毅の『自民党は再生できるのか』(日本経済新聞社、一九八九年)は、リクルート事件に象徴されるような、自民党政治の腐敗がいっそう顕在化した段階で、参院選で社会党が勝利した直後に出版された。佐々木の分析によれば、いまや自民党主導の政治は硬直化し、そのため腐敗が抑制されない状況に、国民の不信が高まっている。国民のみならず政治家一般も、改革と透明化の追求で方向性は一致しているにもかかわらず、政治責任が取られない。こうして政治不信がますます堆積するような状態が固定化してきた。

そこで必要となるのが、「政治の側が政策的なけじめをつけ、それに伴う政治的責任をきちんととって物事を変えていくルール」(同上、一七〇頁)である。佐々木が具体的にもとめるのは、政党同士の競争が活性化された、緊張感のある政党政治である。このとき、政治責任は選挙的なアカウンタビリティとかなり接近して論じられており、一党優位体制の政党政治を再編するための理念のひとつとして、政治の現実をリードする期待が読み込まれていた。

政治責任の宿痾

最後に、政治責任の宿痾とよぶべき責任意識が、一審判決後の田中角栄の発言にもみられることを杉原論文から抜粋して、二一世紀に課題を継承したい。

今回も、当の田中氏は、判決後に「私は内閣総理大臣の職にあった者としてその名誉と権威を守り抜くため今後とも不退転の決意で戦いぬく」、「私は国会議員として国政を進展させるべく、国民から全面的な負託を受けた身である。その職務達成にまい進することこそ、私に与えられた責任であり義務である。私は生ある限り、国会議員としての職責遂行にこののちも微力をいたしたい」、「私は根拠のない憶測や無責任な論評によって真実の主張をはばもうとする風潮をうれうる。わが国の民主主義を守り、再び政治の暗黒を招かないためにも、一歩も引くことなく前進を続ける」との所感を発表している。（杉原「政治責任と刑事責任・再論」一三二頁）

ロッキード事件によって再燃した政治責任論では、政権与党に対する批判が前景化する。そこで問われている政治責任は、職業政治家をいかに辞めさせ、その所属政党を膺懲《ようちょう》するかにある。政治責任は、制度論をともないながら、実践的な規範として精緻化された。ただし、その後の歴史で、利益誘導型の政治や「新潟三区の全国化現象」（辻村）の歯止めとなったのは、政治責任論というよりも、低成長による分配可能な財の限界であったのも事実だろう。そして、社会情勢や政党政治の変化によって、巨悪仕様の学的な政治責任論は宙に浮いていく。

どうやら、政治責任論を日常的なものに改鋳する必要がありそうだ。それでは、現代では政治責任はどのように論じられているのか。二〇世紀の議論が長くなりすぎてしまったので、その検討は節をあらためてから開始したい。

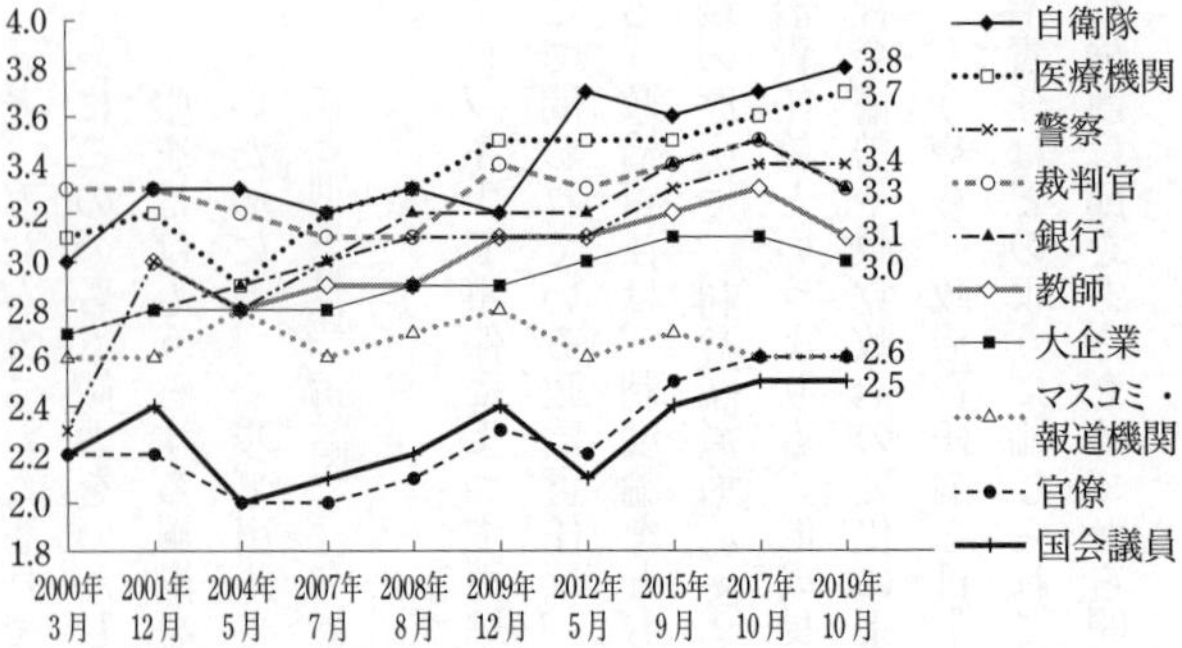

図1　「信頼感」の平均評点の推移

出典：「議員，官僚，大企業，警察等の信頼感」調査（2019 年，中央調査社）

3　信頼が欠如した現代政治

政治不信の時代に

現代政治を一言で表すとしたら、何が適当だろうか。残念ながら、肯定的な言葉は思い浮かばないだろう。上位にランキングされそうなのは、おそらく、不信である。とりわけ日本ではその傾向が強そうだ。以下では、不信に関するいくつかのデータを参照しながら、現代における政治責任の問題に話をつなげていきたい。

「議員、官僚、大企業、警察等の信頼感」調査（図1）は、公共性の高い組織に関する、信頼感の平均評点を割り出している。調査対象のなかでもっとも信頼感の高いのが自衛隊（三・八点）で、図1がしめすように、二〇〇〇年の調査開始以降、順調に順位を

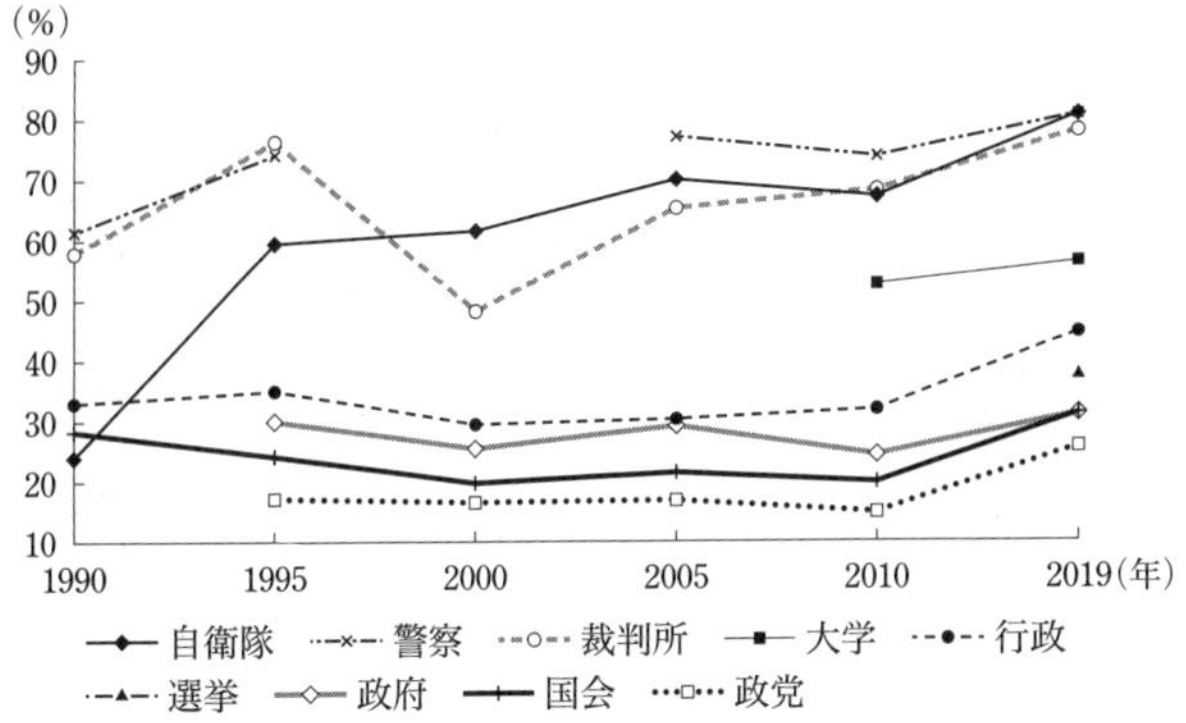

図2　公的組織・制度の信頼度(「非常に信頼する」＋「やや信頼する」)

出典：「世界価値観調査」1990〜2019年日本時系列分析レポート(同志社大学・電通総研)

高めて近年ではトップを維持している。他にも気になる動向はあるものの、私たちが注目すべきは国会議員（二一・五点）が最下位で、それにつづくのが官僚（二一・六点）だという結果である。これらふたつの組織は調査開始以来、最下位を争っており、それでも近年では数字上はいくらか持ち直している。とはいえ、政治と行政への信頼感が、相対的にかなり低いというのは事実のようだ。

別の調査を紹介しよう。「世界価値観調査」（図2）では、やはり自衛隊が信頼度の首位の座を占め、逆に、下から順に政党、国会、政府、選挙、行政と並んでいる。この下位の並びは前世紀から変わっていない。

そのため、特定の組織を（非論理的に）否定や罵倒して、国民の歓心を買うような戦術を採用

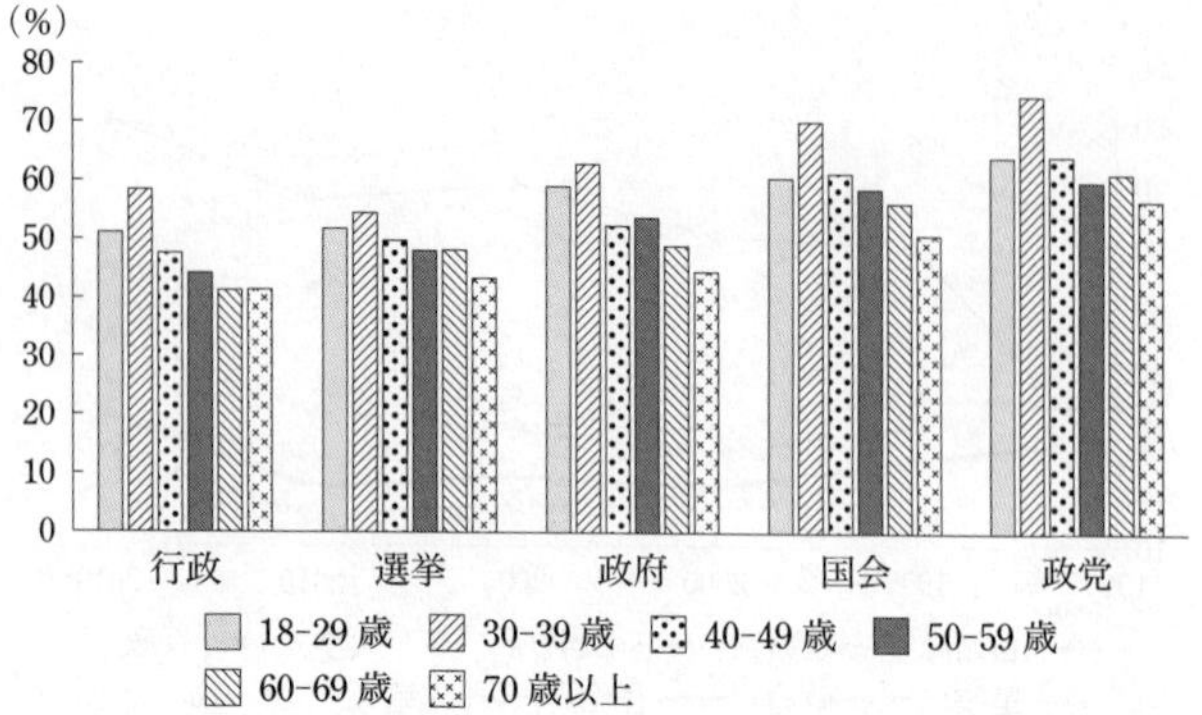

図3　政治・行政への不信度（「まったく信頼しない」＋「あまり信頼しない」，2019年）

出典：「世界価値観調査」1990〜2019年日本時系列分析レポート（同志社大学・電通総研）

するのにも一定の合理性がある。たとえば、自らを棚に置いておいて、行政（公務員）を叩いたり、（与野党を含む）既成政党を叩いたり、政府を叩いたりするような、おなじみの光景である。批判者の立ち位置を問題にしないのであれば、その批判の形式と対象は、国民的な感覚の大勢からズレてはいない。ここに、民主主義の進退きわまった状態をみてとることができそうだ。

状況の悪さをさらにしめすようなデータがある。それは政治・行政への不信度であり、上述の組織がやはり下からきれいに並んでいる（図3）。注目すべきは三〇歳代の回答者で、政治・行政に対する不信が突出して高い。すなわち、政治や社会との関わり合いを持ちはじめて、家族形成が生活の中心となり、これからオピニオン・リーダーとなっていく年齢層で、不信度が高い。人口動態を考えると、仮に意見の変化がないとすれば、政治・行政への不信は日本社会で自然と高まっていくはずだ。

政治一般に対する信頼度は、悲惨の一言である。とくに基本的に政党政治家である国会議員への信頼は低い。なお、政治学者のコリン・ヘイによる『政治はなぜ嫌われるのか』(岩波書店、二〇一二年)にしたがえば、政治家や政党に対する信頼が他の公的な組織に比べて低いのは、世界的な現象である。イギリスでは一九八〇年代初頭から、一貫して政治家や政府閣僚に対する信頼度が低い。

問題はそれはなぜかだが、ヘイによればその実証的な分析は少ない。英米のデータにもとづき彼が慎重に推論するその原因は、第一に、政治家が自身や所属政党の利益をもっとも重視していると市民からみなされているためであり、第二に、政治エリートは企業などの大きな利益体に絡めとられているとみなされており、そして第三に、政府が税金の無駄遣いをしているとみなされているからである(同上、五〇頁)。つまり、政治権力が「私権力」となっている(と市民に判断される)ので、政治が信頼されないという主張である。

このようなヘイの分析に、本書は異論はない。ただし、政治が信頼されない理由として付け加えたいのは、政治責任が取られない、もしくは取られてこなかったからではないかという点である。これもまた権力の私物化の一側面である。

政治責任の調査

この論拠も実際のデータに語らせるのはなかなか困難だ。しかし政治責任を、政治権力をめぐる政治家と市民との間の応答関係の成立として理解するなら、次のようなデータがある。内閣府が毎年実施する「社会意識に関する世論調査」では、「国の政策への民意の反映程度」を問う項目があり、直近の調査結果では「かなり反映されている」が一・二％、「ある程度反映」二七・九％、「あまり反映されていない」五二・一％、「ほとんど反映されていない」一五・〇％となっている（「わからない」三・八％）。同項目を二分化して、隔年の変化をグラフ化したのが図4-1である。一見して明らかなように、九〇年代後半くらいから、「反映されていない」が「反映されている」をおよそ二倍以上に引き離して、近年ではそのまま固定化されている。民意の反映を応答責任の達成と解釈するなら、それを中核とする政治責任は未達成のまま常態化していると言える。

さらに同調査では、「どうすればよりよく反映されるようになると思いますか」という設問がつづき、ひとつの回答が選択される。直近の調査結果の上位から並べると、「政治家が国民の声をよく聞く」（二四・九％）、「国民が国の政策に関心を持つ」（二二・〇％）、「国民が選挙のときに自覚して投票する」（一六・三％）、「政府が世論をよく聞く」（一四・三％）、「国民が参加できる場

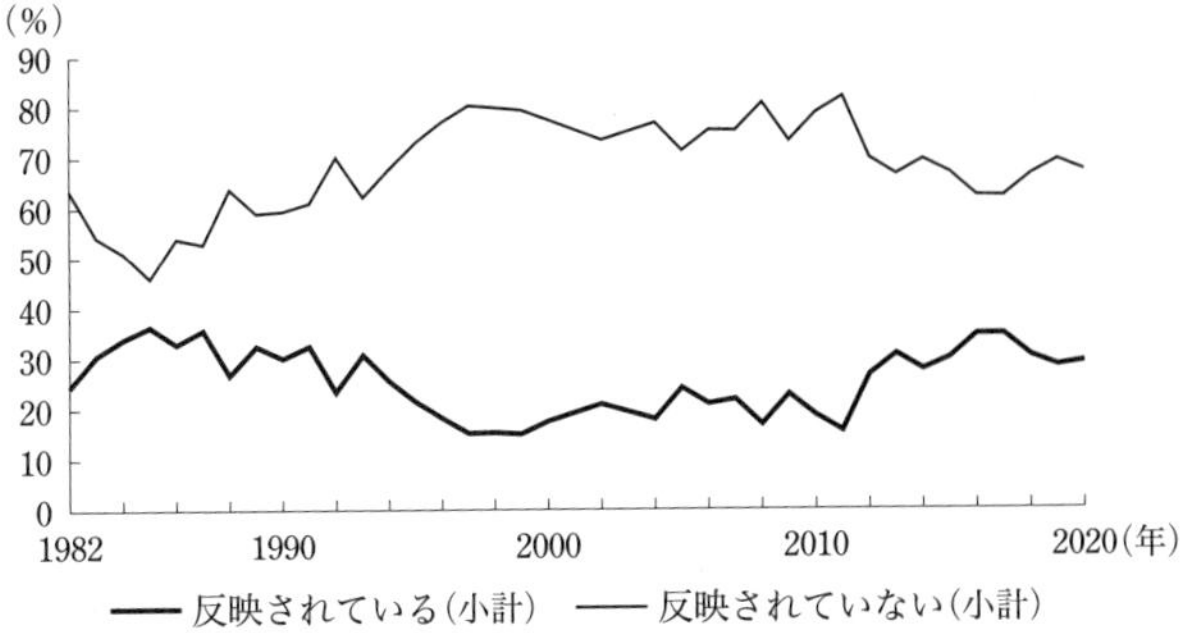

図 4-1　国の政策への民意の反映程度(時系列)

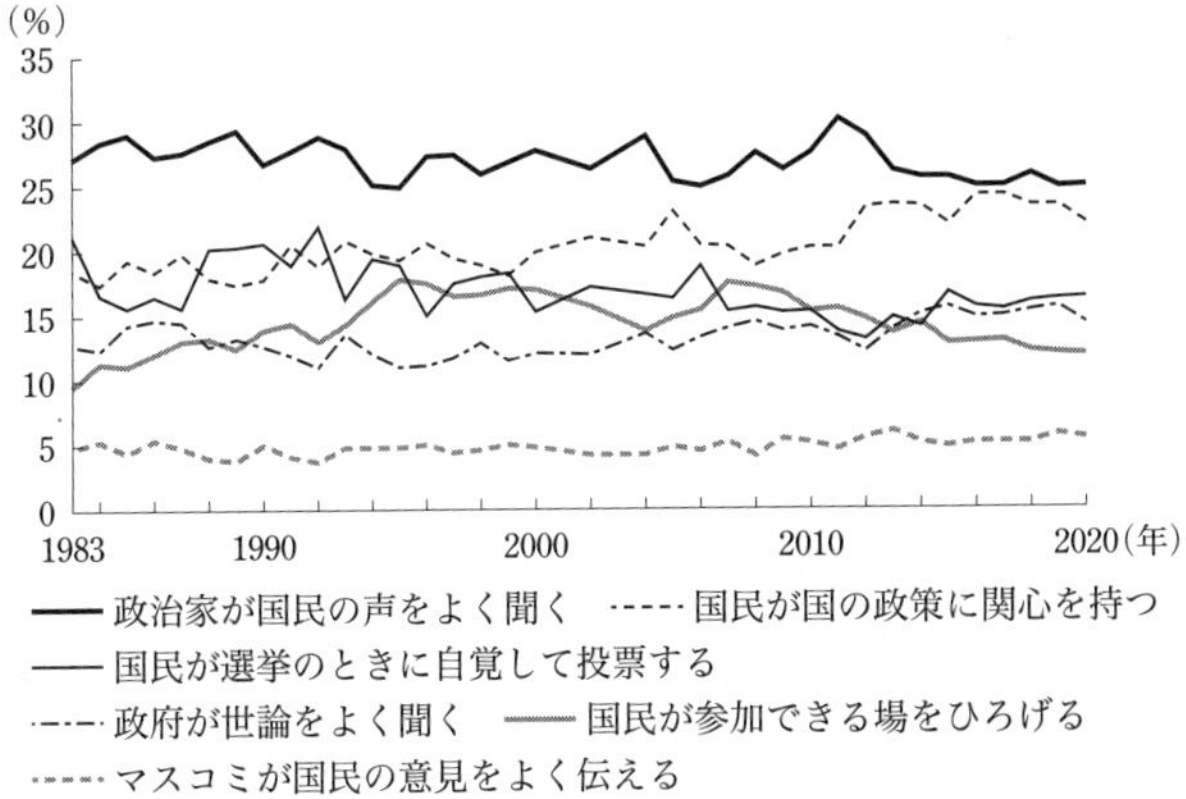

図 4-2　国の政策への民意の反映方法(時系列)
国の政策に民意が「ある程度反映されている」,「あまり反映されていない」,「ほとんど反映されていない」と答えた者に

出典:「社会意識に関する世論調査(令和元年度)」(内閣府)
注:1982-2002 年は 12 月調査, 2004, 2007, 2009-12, 14, 15, 17, 20 年は 1 月調査, 2005, 06, 08, 13, 16, 18, 19 年は 2 月調査. 2003 年の調査データは無い. 2006 年までは 20 歳以上の者を, 07 年からは 18 歳以上の者を対象として実施

をひろげる」(一一・九％)、「マスコミが国民の意見をよく伝える」(五・四％)、「わからない」(四・五％)、「その他」(〇・六％)である。上位二つの回答と割合は、ここ二〇年以上に渡ってそれほど変化がない(図4-2)。

注目すべきは、意外と言うべきか、国民が引き受ける政治責任と親和的な回答もかなり票を集めている点である。政治責任が取られないような状況は、政治家だけの問題ではなく、国民の問題としても理解されているのである。本書はこの辺りに、政治責任を取らせる政治の可能性を感じている。

脱政治化と責任

先述したヘイ『政治はなぜ嫌われるのか』は、実証的な政治分析に政治理論の概念分析の成果を織り込み、政治学の地平を一挙に広げたという点で学的な貢献を果たしている。たとえば、世界的に右肩下がりの投票率について、私たちはそれを政治的無関心と同義的に理解してしまっている。しかし、ヘイは両者を区別した上で、投票以外の政治参加の高まりを指摘して、単純な同一視を批判する。つまり、政治現象とその解釈の変更可能性を指摘し、私たちの常識を揺さぶるのである。

世論調査では、しばしば若者の政治的な無関心が調査結果として明らかとなる。たしかにそのデータの語るところに疑う余地はないが、たとえばその「政治」が意味するのが政界や選挙かもしれず、あるいは環境問題や格差問題が除外された「政治」が想定されているかもしれない。こうした現象と意味のズレにおいて政治を分析するヘイにあって、責任は脱政治化という文脈で論じられる。

ヘイの主張のひとつは、政治不信がディマンド・サイド(有権者)の環境や意識の変化よりも、サプライ・サイド(政治家)の事情で生じたというものである。この主張を支える分析のひとつが、公権力の脱政治化である。

まず政治化の意味を考えてみよう。彼によれば、政治化とは「ある争点が討議と意思決定、作為の対象となること」である。つまり、運命や不可避性の世界にあった事象が、人間の作為の対象となることである。人類は、自然や宗教や慣習を科学化することで、副次的に政治の領域を広げてきた。政治化した事象が争点として選択可能なものであるかぎり、それに関する責任が生じる。こうした非政治的なものを政治化する過程は、いまも進行中だろうし、その予断を許さない。

脱政治化はそれとは逆の流れである。これまで公式的な政治や討議、責任の対象であった争点が、その公的な性質を奪われるような変化である。それは政府の職務を準公的な組織に移管したり、民営化などを通じて市場に解消したりするような変化である。こうした公的な性質の低下は、それ自体が悪だというわけではないだろう。一元化した政治権力の暴走を阻止するような権力分離かもしれないし、より専門性の高い判断や効率性の高い運営を可能にするかもしれない。

日本にもかつては鉄道や郵政を所管とする大臣や省庁が置かれ、いまでは東京オリンピック・パラリンピックを担当する大臣が置かれるのは、政治化と脱政治化の変遷を雄弁に物語っている(二〇一九年NHK大河ドラマ『いだてん』で描かれたように、一九六四年東京オリンピックの際にも川島正次郎や河野一郎が担当大臣となった)。

ここでヘイが問題にするのは、政策内容がほぼ変わらないにもかかわらず、公的機関の政治責任が奪われて、争点が純粋な技術的な問題にされてしまうような脱政治化のあり方である。より限定して言えば、国家活動の市場化や専門家支配により、民主主義の実質が奪われるような場合である。こうした脱政治化は、私たちの生活からそれほど遠い話でもなく、たとえば教育や住環境の整備を家庭が受け持ち、健康維持や経済活動の自粛が個人レベルでの(公的な争点ではなく)必要性となるような現象を含んでいる。

脱政治化それ自体が拒絶されるべきというわけではない。脱政治化が政治の対象範囲を一方的に狭め、政治責任を放棄するような、すなわち民主主義の自死につながるようなその傾向性が批判されるのである。そして、政治責任が切り詰められてしまっており、公権力が私権力としてしか存在しないのであれば、そうした政治に参加する意欲も理由も私たちから失われて当然だろう。私たちは、政治責任の対象範囲が狭くなっている(と感じられる)現状認識を共有したところで、現代社会での政治責任の語られ方を確認する道を選ぶことにしよう。

政治責任と現代社会

政治責任論の現代史的な盛り上がりとしての第三の山は、まさにいま私たちが踏破中と言うことができそうだ。ただし、その山の大きさはまだ判別できず、もしかしたら、すでに下り坂に入っているかもしれない。

まず、私たちの同時代の政治責任に関する論考や記事を、雑駁に書き出してしまおう。

三浦まり「社会保障改革と野党の政治責任」『生活経済政策』一七一、二〇一一年

森本紀行「東京電力問題における「政治責任」を追及する」『エネルギーフォーラム』五八(六八九)、二〇一二年

土野賢・ビクター・レオナード「これからの日本　政治責任の構築と地方分権」『時評』五四(六)、二〇一二年

櫻井よしこ「朝鮮半島勢力巡る歴史的闘いが展開中も日本の野党は政治責任を果たしていな

い」『週刊ダイヤモンド』一〇六(一九)、二〇一八年
中村慶一郎「安倍総理は政治責任をとれ」『月刊日本』二四(四)、二〇二〇年
望月衣塑子「〝ゴリ押し〟で定年延長した政治責任は重い」『金曜日』二八(二〇)、二〇二〇年

これらはもちろん網羅的ではなく、あくまで政治責任を軸にして現代政治を論じる意図をもつ著作にかぎられる。だが、それでもこれらの中に、いくつかの特徴を見つけることができそうだ。

まず外在的な特徴を整理するなら、第一に、その論者が多様だということである。大学に籍を置く著者は依然として存在するが、評論家やジャーナリストなどが加わり、政治責任の語り部の範囲が拡張している。それと並行して、第二に、政治責任が論じられる媒体も広がっている。学術雑誌や論壇誌だけでなく、より身近に手にすることができるような一般誌や業界誌でも、政治責任が論じられるようになってきた。

こうした外在的な変化は、論壇や雑誌メディアの推移において、いっそう慎重に取り扱われる必要はあるものの、それでも政治責任論がより一般化していることを反映する。すなわち、現実の政治情勢に対して、政治責任という展望から評価し、批判するような論じ方は、それな

りに広く定着している。

それでは、これら政治責任論にどのような内在的な特徴があるのだろうか。第一に、二〇世紀の政治責任論が、原理の構築や自民党政権への対抗という文脈で論じられてきたのに対して、政治批判のツールとしての役割にいっそう専心するようになる。つまり、特定の政治的な事象を批評するための切り口として、政治責任が持ち出される。

こうした傾向は、第二に、政治責任論の対象をますます広範に包摂する。その結果、二〇世紀に支配的であった、権力者に対する責任追及という構図は、十分な影響力をもちえていないアクターを対象とした責任追及を含むかたちへと、より一般化する。政治責任論は妥当対象を拡張すると同時に、それぞれの論拠が入り乱れて、この概念の論争性がいっそう鮮明になる。この意味で、第三の山を俯瞰的に見れば、政治責任の共通の方向性が不在で、その名辞のみが広く共有された、堆積物の集まりのようだ。

こうした現状はそれ自体、嘆きの対象というわけではない。政治学がそれなりに鍛えてきた概念がより一般的に使用される情勢は、学的な貢献を果たしていると自負できるかもしれない。だが、政治責任が頻出する情勢、すなわちそこに無責任が蔓延《はびこ》っている情勢は、やはり悲観的に認識すべきだろう。さらに、政治責任を声高に主張することが、別の政治責任のあり方と衝突したり、余計に政治不信を招くような負のスパイラルを招いたりしているかもしれない。本書は、こうした情勢に直面して、そもそも政治責任は何なのかを自問するような作業である。

責任への期待

たしかに現代政治では大規模な政治汚職や利益誘導は考えにくくなり、政治家の倫理性は厳しく問われるようになってきた(こうした評価を疑うに足る重大な例外が、日本でも近年いくつか発生しているが、あくまで規模と傾向に関して、である)。しかし、それがこれまでの政治責任論の学問的な成果だと誇れる自信は、本書にはない。おそらく、枚挙にいとまがないほどの事象に渡る社会的な変化や、政治(家)の意義の変容(低下)によって、政治権力が巨悪になりえないのもひとつの理由だろう。むしろ、そこで必要なのは、脱政治化の時代にふさわしい政治責任の論じ方である。

本章では、政治責任の語られ方をさまざまに対象化しながら、政治責任が取られない状態や感覚を多角的に検討してきた。それは政治(家)に対する不信感の高まりを、政治責任論の分析課題につなげる作業であった。

あらわとなっている政治不信の存在が、政治責任を模索する私たちにとって、励みになるかもしれない。なぜなら、不信感は、責任が取られることの期待の裏返しかもしれないのだ。つまり、政治は完全に脱政治化されておらず、もっと満足度の高い応答が可能だと思われている。

政治不信は、政治に対する過大評価の反映でもある。

むしろ、より悪い状態は、政治不信の声が雑音でしかなくなり、政治責任の観点から公権力を判断できなくなるような、ある意味での静寂である。この静寂が意味するのは、公権力のあり方を責任一般という観点から論じられなくなるということではなく、公権力が政治責任からはっきり区別されるということである。このとき、ある争点についての討議や意思決定、作為に関する私たちの声は聞こえなくなる。あるいは、公共的なものとして、公権力を批判的に解釈することの意味が失われる。

現在の政治責任論の百花繚乱は、静寂を前にした狂い咲きかもしれない。本書は、政治責任を原理に再接続して、日常化した政治責任の語りを整理するという、それ自体は地味な作業である。いわば、普段使いができるような政治責任論の整備である。それは社会的な進歩や私たちの幸福を達成するにはあきらかに不十分ではあるものの、それでも自己統治を実現するための重要な一歩となるはずだ。

政治不信を期待に読み替えるような都合のよい解釈を胸に秘めて、以下の各章では、政治責任とは何かをあらためて分析し、それが取られる状態をいかに達成するかが考察される。またこの課題の裏面では、無責任を問題化し、その対策を講じるような作業が同時進行する。

第2章　責任がある

1　政治責任の形態論

本章は、政治において「責任がある」ということの意味について、問い直してみたい。あまりに自明に思われすぎていて、逆に見失われている事柄が、そこにあるかもしれない。

アーレントの政治責任論

ハンナ・アーレント(1906-75)

政治責任の定式化という点で大きな貢献を果たしたのが、二〇世紀を代表する政治理論家のハンナ・アーレントである。アーレントといえば、その生涯の一部が近年では映画の題材となるような(『ハンナ・アーレント』二〇一二年公開、監督・脚本マルガレーテ・フォン・トロッタ)、学的・思想的な貢献はもとより、その生き様自体が激動の二〇世紀を体現するような人物であった。本節は、彼女の政治責任論の再構成を通じて、「責任がある」ことの形態を描き出す。

もちろん本書ではその生涯や思想全般を網羅することはできないが、彼女の責任論にもこれらの一端を垣間見ることができる。この映画は、ナチスの元高官でユダヤ人大量虐殺の実行を担ったアドルフ・アイヒマンに対する国際裁判(一九六一年)を、アーレントが傍聴し、それをルポルタージュとして発表した時期にスポットを当てている。これは一九六三年に、『イェルサレムのアイヒマン』として書籍にまとめられた。

「独裁体制のもとでの個人の責任」(一九六四年)は、『イェルサレムのアイヒマン』の発表後、あるいはより正確には、それが「まき起こしたような議論」の渦中にあった時期の講演録である。この意味で、重大な思想史的な意義を孕むような作品であるのは間違いなさそうだが、それを解明する能力も紙幅もないので、政治責任に関する知の抽出のみに専心したい(「独裁体制のもとでの個人の責任」および次に検討する「集団責任」は『責任と判断』ちくま学芸文庫、二〇一六年に所収)。とはいえ、たしかにアーレントにとって政治責任は傍論かもしれないが、その特異な点にいくつか言及しているので、それらに注目してみたい。

アーレントによれば、個人の責任と政治責任は異なる。本講演における彼女の関心は、そのタイトルの通り前者にあるものの、私たちは政治責任に注目する。すべての政府・国はその過去の政府・国が行ったあらゆる行為と過誤に、政治責任を負う。「すべての世代は、歴史的な継続のもとで誕生したという事実によって、その父親の世代の罪を背負い、祖先の行為の恩恵をこうむるのは当然のことです」。

すなわち、ある共同体の成員だという所与の事実にもとづき、私たちは政治責任を負わなければならない。そして、その主要な担い手は公的機関である。このような受動的な政治責任に関するアーレントの言明は、政治における積極的な参加や言論を主張したという彼女についての教科書的なイメージとそぐわないかもしれない。こうした違和感を心に留めながら、もう少し彼女の話を聞いてみよう。

罪と責任

政治責任と個人の責任が異なるのは、その適用範囲だけではない。個人の責任は法的・道徳的な罪に対応している。これに対して、政治責任で罪が語られるのはあくまで比喩として、である。たとえば、自国の政府による過去の悪行について、現在の成員たちは罪を負うことはない。ではどのような責任を負うのかが焦点になるわけだが、それは議論を積み重ねながら考えてみたい。

自国のふるまいに罪を感じるという精神は、たしかに崇高にも思われる。しかし、アーレントはこうした清廉な精神に対して、意外なほどに手厳しい。なぜなら、「このように集団的な罪を自発的に認めることは、その意図とは反対に、何かを実際に行なった人びとの罪を免除する上できわめて効果的に働いた」(強調は原著者)からである。

もし、すべての人に罪があるのなら、だれにも罪がないことになってしまう。彼女の念頭には戦後ドイツ社会での贖罪的な反省の広がりが想定されているものの、戦後日本社会においても「一億総懺悔」の効果としてしばしば指摘される論点である。

つまり、罪は個人的であって、集団的な政治責任が引き受ける対象ではない。「まだ若く、戦争中に何かをなすことはありえなかった世代の青年たちが、罪を感じると主張するとしたら、その青年たちは間違っているか、混乱しているか、知的なゲームを演じているかのいずれかなのです」(強調は原著者)。そして、職務としてユダヤ人虐殺に手を染めていたアイヒマンは、個人の責任として、その罪を裁かれなければならないのである。

この場合、個人の責任は法的責任とおよそ整合している。ただし、責任の対象範囲がより狭いからといって、それが人間性をめぐる価値が低いというわけではない。「法廷で裁かれるのは、人間の行為なのです。すべての人に共通する人間性の健全さを維持するために不可欠とみなされている法に違反した行為が裁かれるのです」。アーレントの法理解からすれば、違反に関与しなかった人間(戦後ドイツの青年たち)がその罪を自認するのは、「人間性の健全さ」をしめすどころか、それに対する軽視とすら言えるかもしれない。

私たちはみなハムレット

さて、政治責任に関するアーレントの議論を再開しよう。彼女によれば、私たちは祖先の行為と過誤を継承する。興味深いのは、このとき私たちはみなハムレットだという指摘である。

政治責任をひきうける人はだれでも、ハムレットと同じ立場に立たされるのです。

時のたがははずれた〔Time is out of joint〕、呪われよ

それを正すために私が生まれたことは。

〈たが〉のはずれた時間を正すということは、世界を作り直すということですが、私たちにこれができるのは、私たちがある時点において新参者として世界に到来するからです。そして世界は私たちの到着する以前からあり、私たちがあとを継ぐ者たちに世界の重荷を委ねて姿を消すときにも、まだ存在しつづけるからです。

いささかわかりにくい表現がつづいている。アーレントは、引用部をまるごと政治責任のあり方として論じている。なぜ私たちはハムレットと同じなのか。このような謎めいた政治責任の定式化は次章で本格的に検討すると、ここでは約束して、「独裁体制のもとでの個人の責任」の検討をいったん了としたい。確認しておくと、政治責任は個人の責任と区別され、罪とは異なり、集団的な所与とされ、どうやら私たちをハムレットにするものである。

「集団責任」

政治責任の集団的な性質について、アーレントの別の講演録「集団責任」(一九六八年)を参照して、さらに追究したい。こちらの議論の方がいっそう洗練されており、わかりやすい事例も豊富に組み込まれており、そして読者を当惑させるようなシェイクスピアへの言及もない。

「集団責任」の冒頭では、責任に関する参照してきたような特徴が手際よくまとめられる。すなわち、罪と責任の区別、個人的な関与で発生する罪、そして罪の全般化はその無効化と同義など、である。これらはアーレントにとって、もはや議論の前提である。

さらに彼女は、ほんとうの同情は己れと区別された他人の自覚にもとづく、とあけすけに主張する。つまり、集団的な罪の感情において、みんなに罪があると神妙に唱導するのは、「それは実際には悪しきことをなした人々との連帯を宣言すること」になる。これは現代社会の人間関係を考える上で、沈思させられる主張である。

ここでもアーレントは、政治的に語られる集団責任と、法的や道徳的な個人の責任とを明確に区別している。彼女が提示する例を引用したい(以下の三つの例は本講演録が執筆される際、集団責任を論じるのに当該学会から与えられたお題であった)。

もしも公共のビーチで、泳げる人が無数にぶらついていたとしましょう。そして海で人が溺れているのに、助けにいかなかったとしましょう。しかしこの場合にも、集団責任は発

> 生しません。そもそも集団というものが形成されていないのです。別の例として、数人の人たちが銀行強盗を共謀したと想定してみましょう。この場合にも集団責任は発生しません。ここでは過失は〈身代わり〉的なものではないからです。ここで問われるのは、それぞれの個人がどのような犯罪を犯したか、その罪はどのくらい大きいかということです。また南北戦争後のアメリカ南部の社会制度の場合には、「疎外された住民」または「浮浪者」だけが無辜であり、ほかの人びとが罪を犯しているのは明らかです。ほかのすべての人々は、いかなる形でも〈身代わり〉的ではない行為を実際におこなっているからです。（強調は原著者）

この事例から推論するなら、集団責任が発生するには、集団が所与で、その行いや過失が身代わり的でなければならない。

率直に言って、原文で「*vicarious*」と表記される身代わり的の意味がわかりにくい。ここではそれを、人びと（共同体の成員）に所与で、共通の、継承されうるような性質として理解したい。すなわち、個人と個人を入れ替えても解消されない、あるいは入れ替える際にあらためて課される集合的な責任のあり方である。それは属人的な責任ではない。

これに対して、身代わり的ではない行為は、当事者としての個人的な資格において、法的や道徳的な罪に問われうる。これは当事者に限定された責任・罪である。銀行強盗の罪はその当該個人に帰せられるものであって、たとえその身近な人間であっても、身代わりにはなれない。

集団責任の条件

集団責任が問われるためのふたつの条件を、アーレントは提起する。第一は、自らが実行していないことの責任である。第二は、責任を負うべき理由は、集団に所属していることであり、自発的な行為ではこの集団から離脱できないこと、である。それぞれ内容を検討してみよう。

第一の点で彼女が意図しているのは、やはり過去の政治権力による行為と過失の責任である。それは特定の個人によって為される場合もありうるが、その責任はあくまで共同体全体が問われる。近代以降の国家のように、政治権力の帰属先が個人ではなく共同体全体である場合、その責任を引き受けるのも共同体である。

私たちはつねに、「父親たちの善行の成果を享受すると同時に、父親たちの罪の責任を負う」。しかし、この責任の受け入れは、私たちが「父親たちの過誤の罪を問われることはないし、その善行を自らの善行に含めること」もできない。あくまで、身代わり可能な性質が責任の条件とされている。過去の世代の功罪をやすやすと自らのアイデンティティに移入してしまう私たちにとって、政治に関する冷徹な思考がもとめられるような論点である。

念のため言っておくと、「自ら実行していないことの責任」は、政治権力の行使にかなり深く関わった人たちが、政治責任を免責されることを意味するのではない。それは、個人的な行為が全体として代表される性質をしめしており、通時的にも共時的にもこの代表は生じうる。責任者たちは、他の責任と同様に、政治責任においても任意の形態で設定可能であり、それは次章のテーマである。すなわち、政治責任は身代わり可能なものとして、時間・空間的に非属人的に共有されているが、その発現は権力への関与に応じて異なる。

第二の点に関して、「共同体から離脱する」以外に、この政治的な集団責任から免除されない。そしてアーレントによれば、「だれもいかなる共同体にも所属せずに生きることはできないので、共同体から離脱することは別の共同体に所属することにすぎず、ある責任の代わりに別の責任を引き受けたということにすぎない」。この共同体観に政治責任を考えるヒントが隠れていそうだが、もう少し彼女の言葉を聞いてみよう。

絶対的な無辜

たしかに、二〇世紀には「完全な放浪者」とよぶべき、いかなる共同体にも所属しないような、難民や国家をもたない人びとが大量に生み出された。政治責任が共同体を所与とするため、「こうした人びとには政治責任をまったく問うことはできない」。もちろん、共同体に所属しない人びとでも、道徳的責任や法的責任から解放されたわけではない。政治責任がなくて絶対的な無辜にあるということは、アーレントからすれば、「人類全体の外部に放り出された」ということである。

この段階で、責任と罪が別物であるという前提があらためて際立ってくる。たしかに集団責任はある種の負担や罰としてみなされる傾向にあるものの、「集団責任から免除された場合には、それよりもはるかに大きな代償を支払わされるのは明らかです」。責任があることは負担だけではなく、便益でもあるのだ。

古代の地中海世界に遡る道徳と倫理に関する議論へと大幅に脱線したのち、本講演は以下のようなあまりに含蓄深い言葉によって唐突に締め括られる。

道徳的で、個人的で、人格的な行動基準に依拠することでは、私たちが集団責任から逃れられないのはたしかです。私たちが実行していない事柄に身代わりの責任を引き受け、私たちがまったく無辜である事柄の帰結を引き受けるということは、私たちが己れだけでなく、同じ時代の人びととともに生きているという事実に対して支払わなければならない対価です。それはまた、なにより、特に抜きんでた政治的な能力である行為の能力が、多数で多様な形態のもとにある人間の共同体のうちでしか実現できないという事実の対価でもあります。

アーレント自身による説明がないので、この文章は私たちで解釈していかざるをえないだろう。

ヤングの批判

アーレントによる政治責任論の骨格はいちおう出揃ったので、それに解釈を加えて「責任がある」ことの意味を考えてみたいが、その前に、それに対する代表的な批判を参照しよう。そちらの方が、係争点を明らかにする上で簡便で、なにより私たちの議論の妥当性を高めてくれるはずだ。

現代を代表する政治理論家のアイリス・マリオン・ヤングは、本書でも大々的に参照しているその遺作『正義への責任』(岩波書店、二〇一四年)で、アーレントの責任概念の解釈にひとつの章を割いている。政治責任に関して、その議論と要点を確認しておこう。

ヤングはアーレントによる罪と政治責任の区別について、いくつかの修正の必要性を認めつつ、おおむね受け入れを表明する。しかし、厳しく批判するのはその政治責任概念である。とりわけ、人びとが責任を負うのが、「たんに政治共同体の成員だということであり、行ったかどうかではまったくない」というアーレントの主張は「ごまかし」とさえ言う。たしかに私たちもこの点について、アーレントの一般的なイメージと異なるような感触を覚えていた。

ヤングによれば、だれが「父親」かを想定することのそもそもの困難さを別にしても、同じ共同体に属しているというだけで政治責任が課せられるのは理不尽だ。共同体の中にも、政府や多数派が主導する政策に反対するような人たちはいる(いた)だろう。

そこでヤングは、アーレントがその安っぽいセンチメンタリズムを喝破した、戦争を知らないドイツの青年たちの事例を再検討する。生まれていたかどうかはともかく、少なくとも彼らは違法な残虐行為に直接関与していないのは確実だ。アーレントによれば、彼らが負うべきは政治責任であって、個人的な罪ではなかった。しかし、ヤングは画一的な所属による政治責任を否定し、特定の関与の程度から個別の政治責任を導こうとする。

ヤングによれば共同体に所属することは、「人びとが信じたり知ることや、社会の諸制度や他の成員たちとどのように関係するか」に、いっそう「動態的な含意」がある。この観点からすれば、アイヒマンなどの戦前を生きたドイツ人の多くは、自らの置かれた社会的文脈にあまりに無知であった。もちろん、こうした文脈がだれの、どのような意図で形成されたのかは、ここで私たちが問うべき問題ではない。重要なのは、同じ共同体に所属するとしても、そのあり方は状況や時代において、ずいぶん異なっているということである。「政治的責任は〔……〕たんなるメンバーシップ以上の、特別でより積極的ななにかから生じるのだ」。

ヤングに言わせれば、個人的な罪はないとしても、政府の悪行に関与したり、それを見逃したりする程度によって、負うべき政治責任が変わってくる。彼女にとって、自らの能動的な所属において、政治責任を引き取ろうとする青年たちは、むしろ称賛に値するかもしれない。共同体への所属は静的な事実ではなく、それ自体がひとつの能動的な行為として、評価されなければならないのである。

ヤングへの批判

たしかに、戦前と戦後において、政治責任に対する感覚や内容は、同じドイツという共同体でも、かなり異なっているだろう。ましてや、国家が分断状態に置かれた場合、過去からの政治責任の一方的な継承というアーレントの論理は、はやくも現実的に行き詰まっているようにも思われる。そのため、政治責任は行ったかどうかの程度に応じてやはり負うべき事柄だ、とするヤングの主張は魅力的に映る。

さらに言葉を付け加えると、現代のように人の移動が活発になってくると、共同体への所属が特定の政治責任を画一的に負わせるというのは、滑稽にすら感じられる。たとえば、かつて植民地支配を行った列強諸国に、植民地解放後も旧植民地から人びとが流入し、それらが政治的な成員となった場合はどうだろうか。これまで植民地支配の責任を問うてきた人びとは、ある日突然、その責任を問われる側に立つと言うのであろうか。グローバル化が日常化する社会情勢において、ヤングの方がいっそう理にかなっているようにも思われる、一見。

たしかに、政治責任に程度問題を挿入するヤングの措置はアーレントがもっともこだわっていた責任と罪の区別について、外面的にはあいまいにしてしまうかもしれない。その措置が、政治責任を事実上、個人毎に設定するので、罪との混同を招きそうだ。話が前後するが、ヤングの意図がグローバルな格差などの構造的な社会的不正義に対する責任の確立にある点は理解しておくべきかもしれない。つまり、罪と政治責任のアーレントによる区別に学びつつ、その責任を問題化する文脈は、ヤング自らも認める通りだいぶ異なる。

こうした社会的なものは、明らかにアーレントの政治責任の対象ではない（また、それは私たちが本書で中心的な対象とするアカウンタビリティの機能とも異なる）。だが、こうした大枠の設定は別にして、私たちがヤングに反論したいのは、それ以上に政治にとって本質的な事柄についてである。おおまかにふたつの点を指摘したい。

第一に、ヤングはアーレントの政治責任を、過去のナチスドイツの悪行についてのドイツ国民の物語りに限定されたものとして、暗黙に捉えているのではないだろうか。人類史上最重要な考察対象のひとつであるとはいえ、こうした歴史的な出来事のみを、アーレントの集合的な政治責任論が対象としているわけではない。

重要なのは、アーレントに固有の政治理解である。すなわち、政治責任という言葉の、「責任」ではなく「政治」の方である。すでに参照した表現を用いれば、程度問題に先行するような、公平でその意味で理不尽な身代わりの責任は、私たちが政治を営む上での「対価」である。それは人びとの複数性を実現可能にする政治空間に入るための、同一の入場料である。それは共通の土台ではあるものの、民族や文化や経済などの共通項とは一義的には区別されるような、純粋に公共的なものであるはずだ。

仮に罪と責任が異なり、責任が関与から区別されるのであれば、当該の共同体における歴史的な事実と、責任のあり方とは深刻な緊張状態に陥るかもしれない。だが、たとえそうであっても、罪が問われるような厳密な事実を再現するつもりは、そもそも責任にはない。

少なくとも言えるのは、アーレントの政治責任は、人びとをつなげる行為としての政治を実現するためのルールとして解釈されるべきである。その意味で、ヤングも私たちの日常感覚も、政治責任をアーレントが戒めたはずの罪に近いかたちで、どうしても理解してしまっているようだ。ヤングが問題化した個人毎の政治責任の程度が語られるのは、まず政治責任が公共的なものとして存在すると広く認められてからだ。

共同体について

もうひとつのヤングへの反論は、共同体の理解に関してである。ヤングは(責任論に関して、おそらくアーレント自身も)ドイツの歴史的な事例に引き摺られすぎてしまっているが、政治責任の基体となる共同体は、国民国家に限定されるわけではない。共同体は、上述の通り、何か実体的なものに依拠した単位や組織というよりも、過去を共有する人びとによるつながりと表現した方がよいだろう。その過去も戦争責任の解釈だけに限定されるわけではない。アーレントの表現では、人間の共同体は「多数で多様な形態のもとにある」。共同体の過去やその解釈もいろいろあって、それを丸ごと引き受けるというのが、彼女による政治責任の定式化である。

さらに、アーレントの共同体を世界に広がる人びとのつながりの形式として理解し、そのかぎりで政治責任の世界に対する責任という性格は指摘されうる。共同体と世界は接続しており、政治責任が普遍化するようなベクトルを持ち合わせていることは、無視されてはならない。それが意味するのは、時代や地域が異なるとしても、ホロコーストは私たちも人間として何らかのかたちで引き受ける政治責任の対象だ、ということである。

責任の解釈

それではアーレントに即して「責任がある」ことをまとめてみよう。

政治責任が対象とするのは、ある共同体の成員という所与の事実によって、その共同体の名においてなされた、善悪を含む行為である。政治責任にもとめられるのは、その当該行為に対する応答である。「責任がある」とは、応答しなければならない立場や資格にあるということだ。そして、こうした責任の存在は、かぎりなく贖罪的なものもあれば、便益的なものもある。

たとえ理不尽に思われようとも、責任主体であることは、私たちにとってかなり一方的に決定され、応答がもとめられる。すなわち、応答すべき対象は過去、しかも多くの場合私たちが直接関与していない過去にある。野暮ったいことをいまさら言えば、責任を私たちに伝えた「父親」は比喩であり、血縁関係が本質化されているわけではない。

「責任がある」という状態は、過去志向的とよぶことができそうだ。私たちは過去から責任を与えられ、過去との応答をもとめられている。それが私たちの政治の原理である。そして、私たちは何か唯一の政治責任を負っているのではなく、その多様な関係性の只中にある。

2　権力と責任

権力からみた責任

「責任がある」ことは、政治とは何かの根源に肉薄するような、意外と深遠なテーマだということが判明してきた。次に、それを従来の学知に接続して、その意味の考察を進める。

政治学では、責任はしばしば権力とセットで論じられてきた。たとえば、責任があるということは権力があることの事実上の別表現で、応答的な権力行使によって責任が果たされる。やっかいなのは、権力もまた内容確定が難しい概念だということである。そのため、責任を権力に置き換えてみても、責任の解明が期待したほど進展するわけではない。

とはいえ、政治学では、権力論は責任論よりもかなり洗練された研究蓄積があるので、その知見の助けを借りて、「責任がある」ことの意味に迫ってみたい。

権力と責任のつながりは、アーレントも「独裁体制のもとでの個人の責任」で言及している。彼女によれば、「政治責任はつねにある最低限の政治権力を前提とする」。ここで彼女に特有の権力概念を念頭に入れておくべきだろう。アーレントの権力は、他者や状況に対して自らの意図を貫徹するような強制力ではない。それは自分と同格の他者との間にあり、つながりを実現するような私たちの共通の能力である。『暴力について』(原著は一九七〇年に出版)での表現を引用すれば、

〔権力とは〕たんに行為する人間の能力ではなく、他者と一致して行為する人間の能力のことである。権力は個人の所有物では絶対にない。権力は集団に所属し、かつその集団が集団としてのまとまりをもちつづけるかぎり、つねに現れるものだからである。だれかのこ

とを彼が「権力の座」にいると言うとき、そこに実際に意味されているのは、彼が人びとから彼らの代表として行為する権利を付与されている、ということである。権力がはじめにそこから生じてきた集団〔……〕が姿を消すやいなや、「彼の権力」もまた消滅する。（みすず書房、二〇〇〇年、一三三頁）

つまり、つながりの実現という意味での権力がなければ、政治責任が発生しない。そのため、難民などの共同体に属さないような人びとは、権力を奪われており、公共的な事柄に関与できず、その意味で責任がない。アーレントの政治責任はかなり独特ではあるものの、それでも権力のあり方と緊密に結びついている。

権力の三類型

政治分野に限定しても権力論の領野は広大なので、政治社会学者のスティーヴン・ルークスがしめした近年の反省を考察の糸口にしたい。ルークスといえば、権力を三つの形態に定式化した『現代権力論批判』（未來社、一九九五年。原著は一九七四年）の鮮やかな手並で知られており、その議論はすでに人文・社会科学一般の共有財産となっている。以下ではルークスの権力論を参照して、「責任がある」ということの意味に迫ってみたい。

ルークスの議論をごく簡単にまとめておこう。AとBという二者間関係を想定した場合、権力には三つの次元がある。これらは、「Bの利害に反するやり方で、AがBに影響を及ぼす場合、AはBに権力を行使した」と定義される権力をめぐる、三つの解釈である。彼は権力の「本質的に論争的な」性質を認めた上で、それを経験分析に適用できる範囲で、その現れを編成したのだ。

また、AとBの二者間での対立局面を権力の前提としている点も特徴的である。この場合、AとBの関係は非対称的であり、AはBに対して相対的に優位に立っている。こうしたルークスの権力観からすれば、アーレントのような共同的な権力のあり方は、そもそも権力ではないということになる(もっとも二者間関係論もアーレントの権力論も、権力空間の成立を権力作用の条件とする点で共通している)。

スティーヴン・ルークス(1941-)

さて、ロバート・ダールが代表するような一次元的権力観は、顕在的な争点における権力行使である。すなわち、争点が明確に存在している際に、どのような政策決定がなされたかで権力のあり方が確定するような状況理解である。政治における「権力者」

という一般的な表現は、この一次元的権力観にもとづいて観察されるアクターのことである。

これを批判する文脈で登場したピーター・バクラックとモートン・バラッツが主導した二次元的権力観では、観察可能な紛争において、決定作成の範囲を制限するような決定として権力が働く。たとえば、二国間の領土問題において、係争地を実効支配している国が「領土問題は存在しない」と主張することは、相手国の政策的な選択肢の幅を狭めて、自国の意図の実現を導く。この効果は、二次元的権力の発動として解釈できるだろう。

しかし、ルークスは一次元と二次元の双方とも、アクターの主観的な利害が、観察可能な争点に表明されると想定する点で不満である。双方とも、実際の行動である具体的決定に注目するあまり、社会構造が紛争を隠蔽するような権力の使用法を見過ごしている。つまり、いっそう狡猾な権力(A)は、争点があるということすら対象(B)に気づかせない。右の例を用いれば、ある国(A)における、ある領土の領有権が問題となりうることを、相手国(B)に悟らせない。

ルークスの三次元的権力観では、権力対象(B)の「真の利害」を表出させないような、社会構造が潜在的な争点を政治から排除する権力が問題となる。たとえば、ある企業城下町において、住民全体の利害のために当該企業の活動を規制するための、条例を制定する意図を当該自治体から奪うような、企業による権力行使である。三次元的権力観は、既存の権力論における個人主義と争点中心主義を回避し、人びとの「真の利害」と主観的利害の差に経験的に立証可能な権力作用を観察して、より綿密な社会分析をもたらすという点で、その分析上の優位性が主張される。

三類型の修正

こうした三分類の定式化に比べて、彼がその約三〇年後に出版した第二版(Lukes, Steven (2005) *Power: A Radical View, Second Edition*, Palgrave Macmillan)については、政治学業界でもその存在と内容がそれほど知られているわけではない。第二版は第一版をそのまま取り込むかたちで分量が約三倍になっており、この間の権力論の展開をフォローしつつ、自説の補強や修正を試みている。私たちが注目するのは、権力論についての彼の自省である。その言葉を聞いてみよう。

ルークスの衝撃の告白によれば、権力を「Bの利害に反するやり方で、AがBに影響を及ぼす場合、AはBに権力を行使した」とする定義そのものが間違いであった。なぜなら、権力は能力であって、その能力の行使ではないからだ。権力があることと権力が行使されるかどうかは、別の問題である。そのため三類型論の主題は厳密に言えば、権力ではなく、支配への服従を確保するという意味での権力行使であった。

さらに言えば、支配としての権力は権力の一種に過ぎない。権力は相手を満足させたりその利害を増幅したりもできる。加えて、アクターに単一の利害を想定してその対決に議論を限定するのも、不十分な見解であった。アクターの利害は多様で、相互対立的であり、ひとつに収斂するとは考えにくい。

こうした反省は、権力の三類型論の根本的な捉え直しを要求するかもしれない。権力がBにとって肯定的な価値も与えて、アクターの利害が一枚岩ではないという論点は、あきらかにこの間の権力論や政治学の発展を組み入れている。これらは学問的には重要な論点ではあるものの、本書では権力の定義の問題、すなわち能力か行使かという点に着目したい。彼の反省が何を意味しており、それが政治責任を考えることとどうつながるのか。

権力行使

権力の行使局面については、『現代権力論批判』第一版ですでに注意が払われており、周到な議論が展開されている。

ルークスによれば、権力行使という言い方にはふたつの問題点がある。ひとつには、権力行使が個人的で意図的とされがちである。こうした通常の理解は、構造や無意識的な行使を見落としてしまう。そしてもうひとつは、そうした素朴な権力行使理解では、受け手(B)が別様に考え、行為するのを阻止するような、送り手(A)の手段や手法が見えにくい。

権力行使を批判的に論じる彼の意図は明らかだろう。一次元および二次元の権力論が批判される根拠として、これらの観察可能な権力行使への傾注が挙げられている。これに対して第三次元的権力観では、Ａが集合体であり、権力行使に関する無活動や無意識が分析対象となる。

第二版で彼が口にするのは、一次元と二次元がもっぱら権力行使のみを権力として論じて、社会構造を見ていないという自らの解釈に対する反省である。そして、三次元のみが構造をみすえて権力を描いているという解釈が、それらの叙述に比べて不公正だったと自身で認めている。一次元と二次元も、主題ではないかもしれないが、それぞれに能力としての権力を想定しており、その発現として権力行使に注目していた。こうした権力過程の理解は三次元も共有しており、権力を能力として理解することが、三類型の間でいわば共通化されたと言えよう。その結果、かつては権力の構造分析としての優位さを三次元的権力観が誇っていたものの、その論拠をある程度、自ら掘り崩すことになった。

さて、権力論の成果を政治責任に接続するために最短距離を選んで来たつもりだが、それでもやや長くなってしまった。責任を考えてみたいのは、この権力をめぐる能力と行使の対比においてである。

ルークスによれば、Ａを集合的な権力として想定することは、Ａが別様に行為するように組織化されうる可能性を含意している。そしてＡの権力行使もまた、別様に行為することの可能性を含意する。そのため、こうした権力の帰属は、別の選択肢を選ばなかったという責任の帰属を同時に意味する。権力の所在を突き止めるのに肝要なのは、ある特定可能な行為者(A)の「活動や無活動から生じたとみなされる結果の責任を確定することである」。

こうした規定からすれば、能力にせよ行使にせよ、その選択の可能性が責任と結びつくようだ。すなわち、意識的であろうが無意識的であろうが、作為とともにある選択の存在に責任が宿る。それゆえ、すべての権力現象を構造的な因果性とみなす(ように映るミシェル・フーコーのような)理論に対しては、ルークスはかなり批判的である(この点を第二版で明確にした)。

ルークスの反省に立ち戻って、あらためて議論を整理しよう。彼は権力についての能力と行使を明確に区別するように説きつつ、両者の統合的な権力分析を模索している。権力は他の可能性があるからこそ権力であり、責任と結びついている。たとえば、運命の力があるとするなら、それは必然的であってその成り行きに当事者の責任が問えないので、権力とはよべない。責任があるのは権力があるときだ。

本書がこれまで論じてきた「責任がある」とは、能力としての権力の側面である。後年のルークスが端的に権力とよぶような能力としての権力は、その行使とは区別されるべきであろう。権力があることは、それに対応した特定の権力行使を確実にもたらすわけではない。能力と行使が整合的につながらない点は、ルークスが、単一的な利害関係にもとづく、支配としての権力への一元的な還元を断念した方向性とも共鳴している。

政治権力の責任

権力論の展開を、それを政治責任に適用できるのかという観点から考えてきた。その結果、いくつか参考にできそうな点を見つけることができた。

まず、権力を能力として理解するのであれば、「責任がある」のは権力行使の能力がある状態を意味する。こうした権力と責任の理解は、それを集合的なものとして想定したとしても、ひきつづき妥当しそうな知見である。すなわち、集合的な主体にとって権力行使が可能な能力があるとき、その主体は責任があるという理解である。

そして、アクターという点については、政治責任の特徴がいっそう明確になるだろう。基本的に、権力論において、責任を負うべきAの認定の困難さは衆目が一致している。それはひとつには、権力の事実認定のレベルの困難さがある。この点は権力分析の明晰さと緻密さをめぐる、権力の三類型論が直面した拭い去れない矛盾に現れている。しかし政治責任にとって、それが集合的であるという特質がここでは有利に働くかもしれない。政治権力があることを、他の権力関係よりも比較的明瞭に、ルール化できるからである。

Aの認定について、権力の事実認定としっかり区別されている印象はないが、それでも重要なもうひとつの論点は、時間ではないだろうか。(集団でも個人でもありうる)Aの権力および権力行使が過去にあった場合では、責任はどうなるのか。仮に責任が当時の当事者Aに限定されるのであれば、その責任は現在の問題として成立しない。だが、政治責任が問うているのは、その当時のAが対応する責任だけではなく、事後的な責任のあり方である。

この点は、政治権力と通例の権力とのちがいに関係している。すでにみてきたように、二者間関係的な権力は、送り手(A)と受け手(B)をそれぞれ別の存在として想定している。これに対して、政治権力はある一局面(たとえば市長がどの政策を採用するか)においてはそれが妥当するものの、基本的にはAとBの区別を全面的には導入できない。なぜなら、政治権力が人びとのつながりに由来し、それを目的とするかぎり、その送り手と受け手がしばしば同一となり、けっきょく権力が循環しているためである。そこで問題になるのは、私たちによる、私たちに対する選択の可能性である。

権力への参加

たしかに「権力の座」にある責任者は存在するものの、それは集合的な権力の代表であり、そのふるまいの責任は共同体が負っている。循環する権力において、権力の責任はそれに直接関与しなかった人たちにもある。そのうえで、具体的な権力行使に深く関わった責任者に、

(個人的な責任と別の次元で)どのような政治責任を取らせるのか、その程度が問題になる。

すでにみてきたように、責任を問うことは、責任の対象範囲と社会的な意義をめぐって一般的に不安定になりやすい。個人にのみ責任を課してしまうと、その事象に関する文脈や知を相対化することになるかもしれない。逆に、社会全体の責任にしてしまえば、個別の責任が曖昧にされてしまう。これに対して、共同体的な範囲をあらかじめ与えておき、そのルール化が可能な政治責任は、他の責任のあり方が一様に苦しんでいるこうしたジレンマから、ある程度は自由である。

私たちは、ここで罪や個人的な責任と、集団責任とを分けておいてくれたアーレントに感謝すべきかもしれない。この措置のおかげで、こうしたジレンマへの対処は、政治責任の管轄ではないと、ともかく口にできるからである。だがその代償は、集団責任の継承を意味する、権力の循環過程への理不尽な参加である。「責任がある」とは、私たちの政治主体としての資格であり、過去のさまざまな出来事に身代わり的に応答することがもとめられる。むしろ、政治責任にとっての問題の中心は、責任があるかどうかの認定よりも、責任をいかに取るかである——もっとも政治責任の在りかについて以下ではあらためて洗い出して、責任を取る問題系に接続するつもりだが。

最後に本節で考えてきた責任と権力の関係について、『ザ・フェデラリスト』(第六三篇)で、後に第四代アメリカ大統領となるジェームズ・マディソン(と推定される著者)がすでに簡潔にしめしていた事実を紹介しておこう。

責任は、理にかなっているためには、責任をもつ当事者の権力の範囲内にある目的に限られねばならず、効果的であるためには、政府の構成員によって迅速かつ適切に判断を下されるその権力の執行と関連していなければならない。

3 政治責任としての戦争責任

ナポレオンの責任

戦争責任という言葉は、かなり定義しにくい。その言葉にさまざまな文脈や意味が読み込まれ、特定の内容をしめすために用いられることが多いのは、その有力な理由である。本書の意図は、戦争責任が言説的な武器となって飛び交っている現状に、何らかの介入を行うことではない。各方面に膨大な蓄積のある戦争責任論の応酬から身を潜めつつ、その政治責任としての側面をひっそりと考えてみたい。

戦争責任を政治責任の範疇で考えることが意味するのは、時代の事実上の限定である。講演録「集団責任」でアーレントが引用するのは、次のようなナポレオン・ボナパルトの言葉である。「私〔ナポレオン〕はシャルルマーニュの時代から、ロベスピエールのテロルにいたるまで、フランスが行ったすべてのことに責任を負う」(これ以前の講演録「独裁体制のもとでの個人の責任」では「聖ルイ」(ルイ九世)から「フランス革命の公安委員会」までとされるが、意味に大差はない)。

もちろん、彼女によれば、この言明は「すべての政治的な生の基本的な事実のひとつ」を強調したものにすぎない。そのため、現代のフランス人がナポレオンの戦役の責任を、政治責任として引き受けるべきだとは思われない。なぜなら、政治権力の性質が決定的に異なるからである。私たちの政治権力の循環過程がある程度確立したのちの責任が、政治責任として解釈されるのである。つまり、属人的な権力ではない、身代わりの責任が一定程度確立した段階の議論である。ナポレオンには身代わりはいない。

二〇世紀を代表する哲学者のひとりでアーレントの師でもあるカール・ヤスパースもまた、ナポレオンに関する政治責任に言及している(『われわれの戦争責任について』ちくま学芸文庫、二〇一五年。原著書の基になった講義は一九四五年後半から四六年にかけて行われた)。ヤスパースによれば、ポイントは、精神に政治的自由があるかどうかである。政治的自由は、「国民の多数が個人として自己の属する共同体の政治に対して、おのれもまた責めを負うのだという意識」をもつことから発生する。すなわち、連帯と責任分担の意識をもつ国民が、その選択に関する政治的自由を享受するかぎりにおいて、政治責任がある。そのため、ナポレオンの統治や軍事的な成功に熱狂するにせよ、彼の権力付与に国民の「自由な精神態度」が関与していなければ、それらに対する政治責任は生じない。

戦争責任とは何か

本節は、「責任がある」ことのケーススタディとして、戦争責任をどのようなものとして語ることができるか、という実験的な挑戦である。戦争は人間社会が想定可能な、もっとも深刻な影響をもっとも広範囲にわたって及ぼすような人工的な出来事であるため、さまざまな形態の責任やその問題群を発生させてきた。もはや個別の文脈を離れて、一般的な意味で戦争責任に言及されることの方が少ないのかもしれないが、それが許されるのであれば、次のような事柄に関してそれは論じられる。

対象範囲となるのは、戦争遂行に関わる責任である。具体的には開戦や終戦の計画や決定、戦争遂行過程そのものの計画や決定を含んでいるものの、戦争が大規模化あるいは日常化するような二〇世紀以降の傾向では、その確定は難しい。

そして責任の相手になるのは人間や集団であり、これらは国内および国外に想定できる。こちらの方が比較的整理しやすそうだが、やはり自然環境や文化財に対する破壊などを考慮すれば、相手をそれほど自明に定義できそうにはない。もちろん、責任をいかに取るか、その手段と実行を現実化するという最大の困難は、とくに戦争責任で顕著かもしれないが、本節ではそこまで議論が及ばない。

こうした戦争概念の本質的な論争性を念頭におきつつ、戦争によって発生した出来事に関する責任を、戦争責任とよぶことにしよう。なお当該戦争の勝敗は、戦争責任の内容をたしかに変化させるものの、それは戦争責任そのものを解消する基準ではない。戦勝国でもその固有の戦争責任は問われる。戦争責任を発生させた政治的決定に関する責任を、本節では検討してみたい。

政治責任との関係

さて、ここでも政治責任との関係内でという制約が効いてくるのだが、とくに戦争責任に関してはその効果が大きいかもしれない。戦争責任について、その存在と代償が問題となるのは、基本的には道義的な責任および法的な責任である。たとえば、いわゆる東京裁判として知られる極東国際軍事裁判で争点となったのは、戦争指導者たちの戦争犯罪(平和に対する罪、通常の戦争犯罪、人道に対する罪)であって、政治責任ではない。

たしかに、戦前の政治指導者たちが、戦争に関する政治責任を取ったと想定するのは困難だ

（くどいようだが、別の形態の責任を取ったという事柄を否定するわけではない）。しかし、それはその政治責任が霧散してしまったことを意味しない。なぜなら、それは私たちに身代わり的に継承されているからである。

戦争責任について、ヤスパースは刑事犯罪、政治上の罪、道徳上の罪、そして形而上的な罪に分類する。私たちの関心は、もちろんふたつ目の罪のあり方である。ヤスパースによれば、ニュルンベルク裁判が刑事犯罪者のみを対象にしているのに対して、政治責任は国民全体にある。すなわち、「自己の属する国家の犯した行為に対して国民が各自一部の責めを負うという政治的な意味」において、政治責任がある。

この集合的な責任は、戦争を遂行した政権に対する反対者や被害者を含むために、かなり理不尽である。ヤスパース自身もまた、こうした立場にあったことは、明記されてよい。さらに、政治に関する興味がまったくないような人間は、どの時代にもいるはずだ。こうした政治との関わり方の多様性に対して、ヤスパースの（自らに対する）応答は、ある意味で非情だ。

近代国家においては誰もが政治的に行動している。少なくとも選挙の際の投票または棄権を通じて、政治的に行動している。政治的に問われる責任というものの本質的な意味から考えて、なんぴとも、これを回避することは許されない。（同上、一〇六頁）

すでに政治体制として、私たちの政治的自由が組み込まれている場合、政治責任から逃れることはできない。すでに第一章でも言及した点だが、棄権という非政治的に思われるような行動もまた、選択可能性がそれに付随しているという点において、政治的な行動のひとつだ。

たしかにヤスパースの政治責任としての戦争責任論は、ナチスドイツの行いと、敗戦後のドイツ国民の行いという文脈に限定的だ。この場合、国民がとるべき行動は戦勝国の意志を受け入れることである。

> われわれはわれわれの政府に対し、政府の行為に対し、この世界史的状況下に戦端を開いたことに対し、われわれが先頭に立たせた指導者の性格に対して、政治的な責任を帯びている。ゆえにわれわれは戦勝国に対してわれわれの労働と給付能力とをもって責めを負い、敗戦国に課せられた通りの償いをしなければならない。（同上、一三六頁）

時代状況を考えると、戦勝国への応答という側面が、戦争責任論で際立つのはやむをえないかもしれない。だが以下では、戦争責任の償いによっていっそう存在感が増した、精神の政治的自由という前提条件について、政治責任論を時間的に引き伸ばす方向性で考えてみたい。

荒れ野の四〇年

ここで参照したいのは、ドイツ連邦共和国（西ドイツ）のヴァイツゼッカー大統領による、ドイツ敗戦四〇周年について一九八五年五月八日に行われた連邦議会での演説である。この「荒れ野の四〇年」と題された演説は、「過去に目を閉ざす者は現在にも盲目となる」という一節であまりにも有名だが、本書が注目するのは、この一節の直前にあたる文章である。

今日の人口の大部分はあの当時子どもだったか、まだ生まれてもいませんでした。この人たちは自分が手を下してはいない行為に対して自らの罪を告白することはできません。〔……〕罪の有無、老幼いずれを問わず、われわれ全員が過去を引き受けねばなりません。全員が過去からの帰結に関わり合っており、過去に対する責任を負わされているのであります。

この文章に登場する責任が、私たちが考えている政治責任としての戦争責任である。その要素はおよそ出揃っている。罪と責任の区別、直接の行為者ではないこと、（理不尽な）成員全体の責任、そして過去からの責任の引継ぎである。

こうした政治責任の形態を理解するなら、ヴァイツゼッカー演説についての、ネット空間を中心として現在でも根強く残る、修正主義的な解釈がいかに浅薄なのかがよくわかる。それは、ヴァイツゼッカーもまた、責任をナチスに押し付けて、自らは反省していないというものである。だが私たちの問題は、罪と政治責任の区別である。（ナショナル・プライドが傷つけられたり、精神的な贖罪感は満たされたりするかもしれないが）謝罪行為と政治責任は、等価的に代替可能ではない。行為に関する直接的な責任ではない、世代で継承される政治責任については、演説の後半でふたたび言及される。

ヴァイツゼッカー演説（Aflo 提供）

人間の一生、民族の運命にあって、四〇年という歳月は大きな役割を果たしております。当時責任ある立場にいた父たちの世代が完全に交替するまでに、四〇年が必要だったのです。われわれのもとでは新しい世代が政治の責任をとれるだけに成長してまいりました。若い人たちにかつて起こったことの責任はありません。しかし、（その後の）歴史のなかでそうした出来事から生じてきたことに対しては責任があります。

これまで、少なくとも私は、「過去に目を閉ざす者は現在にも盲目となる」という一節を、悲劇的な歴史をその胸に刻み込むようにと、現代人にもとめる教訓的な警句として理解してきた。こうした理解は間違いではないかもしれないが、政治責任を論じる観点からすれば、切実さに欠けている。この一節は、過去の戦争責任を、現在の私たちが理不尽にも負うという責任のあり方そのもの、そしてそれにどのように応答するかの責任主体としての覚悟に迫っているのである。

それは罪を問い詰めているのではない。それは残された者たちへの期待である。しかも、持続的な応答を余儀なくする、理不尽な期待である。ヴァイツゼッカー演説は、彼個人の信念にもとづいて道義的な責任を現代人に強迫的に突き付けたのではなく(あるいはそれだけでなく)、強迫的な政治責任に関する自覚として理解されてもいいだろう。

私たちの戦争責任

政治責任の観点からのヴァイツゼッカー演説の解釈に、ある程度はご納得いただけたかと思う。しかし別の難題も残っている。

この演説自体は、戦争を知らない世代が多数を占めるようになったドイツ国民(しかも西ドイツ）に向けてよびかけられたものではないだろうか。すなわち、戦争責任としての政治責任も地域限定の代物ではないか。仮に厳密な地域の歴史的な整合性に目をつむったとしても、政治責任が想定する共同体は特定の国民国家ではないか。そうであるなら、ヴァイツゼッカー演説にどんな解釈を重ねようとも、参考事例にはなるかもしれないが、やはり対岸の火事で終わってしまう。とはいえ、令和に生きる日本人が（自国の戦争責任の引き受けすらおぼつかないのに）ナチスドイツの戦争責任を負うのは、不条理きわまりないようにも思われる。

こうしたそれ自体至極まっとうな戦争責任の制約についての自覚に対して、それとのつき合い方として、政治責任論は三つの方向性をさしあたり提案することができそうだ。

たしかに集団責任は境界線に区切られており、過去の政治権力の影響圏にかなり規定されている。しかし、それを継承する責任主体の現在のつながりは、過去の境界線の範囲と同一ではない。ナチスドイツの戦争責任を（戦後の労働力不足から多数の外国人労働者を受け入れた）西ドイツが継承したように、境界線はいつでも引き直される。つまり、ドイツの戦争責任を継承したという側面ではなく、境界線の引かれ方の柔軟さに目を向けたらどうかという提案である。グローバル化の進展で、今後その引き直しがまったく予測できないのであれば、現時点で私たちの政治責任の対象外とされている戦争責任にも、備えておいた方がいいかもしれない。

実際、ヨーロッパ統合の進展で、ナチスドイツの戦争責任はヨーロッパ全体で引き受けるべき政治責任として語られるようになってきた。政治理論家のヤン＝ヴェルナー・ミュラーによれば、戦争責任に関わるヨーロッパ各国の集合的な記憶は、その固有性を弱め、薄い国家横断的な記憶に変化しつつある（『憲法パトリオティズム』法政大学出版局、二〇一七年）。対立の緩和や統合の進展によって、ヨーロッパ各国の正統性として「道徳的に汚れのない過去」をしめす必要がなくなり、同時に、個別の戦争責任は自由や平等などの立憲主義的な規範に昇華する。「EUへの加盟に取り組む中東欧諸国にとって、ホロコースト追悼記念日を創設することは、自らのリベラル・デモクラシー的道徳性を問うテストケースとなった」（同上、一四六頁）。

政治責任はさまざまな歴史的経験や個別の責任を覆うように、何度も上塗りされるため、私たちがそれにどのように包摂されるかは予断を許さない。政治責任の発生は理不尽で、私たちの意向を考慮してくれない点を、いまいちど思い起こそう。たとえば、アウシュヴィッツ＝ビルケナウ強制収容所がソ連軍に解放された一月二七日を、「ホロコースト犠牲者を想起する国際デー」とする決議を、国連総会は採択している（二〇〇五年）。すでに政治責任は勝手にやってきていた。

普遍的責任

そしてふたつめの方途として、すでに本章でも一定程度しめされているが、集合的な政治責任は普遍的な責任につながるものとして想定できる。別の言い方をすれば、公共的なつながりを、世界を覆うものとしてみなすことである。

まずアーレントの「集団責任」での言葉を再確認すると、集団責任のひとつの条件は集団に属していることであり、「私たちがこの政治的で厳密な意味での集団責任から免除されるには、共同体から離脱するしかありません」(強調は引用者)。すでにみてきたように、アイリス・ヤングは集団責任の所与性の厳格さを批判していたが、私たちは共同体の意味をより柔軟にすることで応答してきた。注目すべきは、アーレントがここで集団責任を「厳密な意味」で語っているという点である。すなわち、政治組織が高度に体系化されているような、国民国家の枠組みを想定した場合を語っているのである。逆に言えば、厳密な意味ではなく、柔軟でより妥当範囲が広いような意味で集団責任を想定することが可能だ。

実際、アーレントも別の機会に普遍的責任に言及している。

> およそ人類という理念は、だれしも進んで引き受ける気持ちにはなれない普遍的責任を含んでいる〔……〕。一切の感傷を取り去るならば、人類という理念は、人間は人間によってなされたあらゆる罪に対して何らかの仕方で責任を負わねばならない、すべての国民は他のあらゆる国民によってなされた悪の責めを共有しなければならない、というきわめて重

大な帰結をともなっている。人間であることを恥じる思いは、この洞察の純粋に個人的な、なおも非政治的な表現にとどまっている。(「組織的な罪と普遍的な責任」『アーレント政治思想集成1』みすず書房、二〇〇二年、一七八頁)

共同体が人類に広がるのであれば、政治責任は各国民を超えて共有される――当時も、そしていまでも、人間であることにともなう責任は、あったとしても個人的なもので、非政治的なものに留まっている。「これまでは、この恥の思いに、適切な政治的表現が与えられたことはなかった」。アーレントに導かれて普遍的責任に目を向けてきた齋藤純一の表現によれば、

普遍的責任は、「われわれの関知するところではない」という「暗闇」の領域を世界のなかにつくらないようにする配慮、誰をも見捨てられた境遇に放置することのないアテンションのあり方を求める。それは、誰もが――不正義を問うその主張に対して――応答されうる可能性を失わないようにする語の最も広い意味での政治的責任であり、集合的責任のようにメンバーシップには依拠しない。(『政治と複数性』岩波書店、二〇〇八年、二三六頁)

政治責任としての普遍的責任は、個別の共同体の間にある対象をカバーする。そして、さらに

付け加えるなら、子孫を失って相続されない集団責任も引き受ける。普遍的責任はおよそ人間の歴史とともにあり、それに対する応答を新しく生まれてくる人間にもとめる。そして、個別の共同体だけの負担かつ便益として、責任を独占することを許さない。ふたたび齋藤の言葉を借りれば、

普遍的責任は、私たちのアテンションをある境界——国民の境界だけとは限らない——のなかに絞り込もうとする諸力に対してそのつど抵抗することを要求する。それは、私たちのアテンションをそのつど脱‐領域化するという政治性を帯びざるをえないのである。
（同上、二三七頁）

このように普遍的責任は人間の根源的なレベルでの責任を強要する点で、もっとも理不尽な責任と言えるかもしれない。しかしこの境遇は、世界に偶然に生まれ落ちた対価であり、私たちの政治的な能力に対する信頼でもあるのだ。

信頼に応える

戦争責任がしめすような境界線の限界に、政治責任論がどのように立ち向かうかについて、

最後の道筋を提案したい。
それは、ある戦争責任を発生させた事態について、私たちの直接的な先祖の責任を継承するという論理である。たとえば、ナチスドイツの戦争犯罪に関して、当時の平均的な日本人がなしえたことはほぼないだろう。それでもそれに関する同時代的な政治責任は、政治権力の能力という観点からすれば、発生しうる。少なくとも可能性が担保されていたならば、当該の政治権力の責任は問うことはできよう。そして、それは私たちに、理不尽なことに、継承されている。

もちろん、こうした政治責任のあり方がみとめられるのであれば、それは膨大な数に増加する。本書がもとめたいのは、これら責任を私たちがひとつひとつ請け負うことというよりも、政治責任が他のものから相互に孤絶したものだという発想の問い直しである。政治責任がネットワーク状であるからこそ、世界中の政治責任のあり方に無関心ではいられない。それは負担でもあるが、便益でもあるのだ。戦争責任は、こうした政治責任の一連の特徴をもっとも明瞭に映し出す事例と言えるだろう。

責任があることと政治

「責任がある」ことの意味を簡単に整理して、本章を終えることにしよう。政治責任は応答のひとつの形態であるかぎり責任のファミリーの一員だが、それはかなり特徴的であった。政治責任は能力に付随する。しかし、それは集合的な共同体に所属する事実にもとづくような、たいへん理不尽なものである。この意味で、責任を否定することは、当該の共同体の離脱によってしか実現しない。しかし、離脱した先にも別の共同体が、その固有の政治責任を理不尽にともなって、待ち構えている。ここで気付かされるのは、過去はいつも私たちを先回りし、能力や責任を含む、その存在全般を規定するという当然の事態である。私たちは政治責任の発生に直接関与したわけではないが、それを負わされる。だが、過去の支配は、私たちがいま政治主体であることの代償でもあるのだ。

そして本章の後半では、政治責任が多様な形態で併存している生態系に分け入ってきた。政治責任は空間的に限定される（だけの）ものではなく、固有の政治主体が一元的に管轄するものでもない。過去に対応する人間のつながりに応じて、記憶や法規範を組織化しながら、責任はさまざまに継承される。私たちは過去にその存在条件を与えられるとともに、それに応答しなければならない政治責任を負っている。私たちは責任発生の当事者ではないにもかかわらず、その身代わりを引き受けつづける。そして、ときとして、政治責任は地理的な制約を超えて主体に呼びかける。

現代に政治責任が問題になるのは、やはり政治体制として民主主義が選ばれているためだろう。権力は、私たちから発してそこに至るような、自律的で永続的な循環過程にある。その中で、政治責任はその都度の応答として、民主主義の過程を実質的にかたちづくる。このとき政治家たちは、この政治責任の実践を職務とする。数ある政治体制の中で、他の責任はいざ知らず、政治責任を私たち自らの固有な作用として組み込んだものは、民主主義以外に思いつかない。次章では、「責任を取る」ことについて、民主主義的な行為としての含意にも目を向ける必要がありそうだ。

第3章　責任を取る

1　政治責任は結果責任？

責任の限界

本章は政治における「責任を取る」の意味について考えてみたい。最初にすべきは、「責任がある」とのちがいを意識することである。

前章では「責任がある」を、能力としての権力があることとして理解してきた。そして政治責任は、政治権力をもつ者の証しである。政治責任があるという言明は、政治権力を用いて、何らかの選択が可能だという立場の自認にほかならない。

ルール化された過去にもとづく政治責任は、他の責任一般と比べて、その所在を比較的明瞭にしやすいという特徴がある。たしかにかつては「闇将軍」やフィクサーなどとよばれて、正規の政治責任と対応しない政治権力をもちえた人物はいたかもしれない。だが、本書が問題にしたいのは、こうした人物がもはやいないとか、「私人」の面をかぶって別のかたちで意外と身近にいるのではないか、というような状況認識ではない。彼らや彼女らの権力は、(法的や道徳的な逸脱がなければ)その管理は政治権力を行使する側の政治責任においてなされる。政治責任が問うのは、政治権力の循環を維持する、公的な組織化のあり方である。

しかし、責任の在りかが判明したところでも、私たちの行程の半分にも至っていない。なぜなら、「責任がある」と「責任を取る」とはずいぶんその内容が異なるからだ。これについては本章を通じてあきらかにするつもりだが、さしあたって「責任がある」の限界を確認しておこう。

第一に、「責任がある」は、権力の送り手（A）が、その責任を取ることの約束ではない。「責任がある」は責任の履行と同じではない。あくまで所在確認であって、それ自体で責任が果たされるわけではない。責任は、それに対応する行為によって果たされる。

そのため、たしかに昨今、政治家レベルで自らの政治責任を自認する発言がよくみられる印象だが、仮にそれ以前の政治風土で責任を自認しない政治家たちのふるまいが支配的であったとしても、その実現に前向きに取り組むようになったというわけではない。責任があると言おうが、ないと言おうが、責任を取ること自体と同じではない。政治家の責任のあるなしの発言は、（悪い意味ではなく）パフォーマンスとして理解すべきで、責任政治の実現にとって、実際にどのような責任が取られたかがいっそう重要である。責任を取る（あるいは取った）は、所在の認識から十全に導かれるわけではない。

第二に、「責任がある」は、権力の受け手（B）にとっての責任の、内容に関する約束ではない。Aが責任履行のために取る行動や手段は、Bの期待や意図と異なっている可能性がある。

すなわち、Aが自ら想定する「責任がある」の権力行使であったとしても、Bには責任を取ったと評価できない場合はありうる。さらに、事前に責任に関する権力行使の内容を決めていたとしても、実際に責任を取る段階で、それでは不十分だとして応答が成立しない可能性はある。「責任がある」をいくら周到に確認したとしても、「責任を取る」の不測な出来事はその想定を、裏切らないまでも、不十分なものにする。

つまり、「責任がある」は「責任を取る」を導き出せないし、その内容を確定することもできない。現代政治を語る上でキーワードとなりつつある政治不信は、これらの不通をしめしている。責任の在りかが明瞭でありながら、責任が取られないという状態である。

過去(父親)からの引き継ぎによって「責任がある」が与えるのは、政治に関する責任主体の一方的な確定である。だが、その先にどう行動するかは、「責任がある」は語ってくれない。本章が考えてみたいのは、その先での責任のあり方である。それは「責任を取る」ことの特異性を明らかにする目的と通底しているはずだ。

結果責任とは何か?

政治は結果責任だ、と言われる。私はまだその確信に至っていないが、いまや小学生くらいでも口にしそうな一般常識である。政治は結果に関して責任を取るべきだという原則と理解してよいだろう。しかし、その内容は不明確で一筋縄ではいかない。少なくともふたつの対立的な意味合いがありそうだ。

まず、政治権力の責任者の(自己)弁護として結果責任が用いられる場合である。たしかに、これまでその政治権力は十分な機能を果たしていなかったかもしれない。しかし、このたびの目覚ましい政治的な成果によって、それは十分な責任を果たしたという評価を獲得した、とする。これによって、これまで評判が悪く、政治権力の循環を阻害してきた責任者が一転、すばらしい政治家と判断されるかもしれない。

この(自己)弁護や評価が正確かどうかは、この場合の問題ではない。結果責任は、過程の不出来や、場合によっては、達成手段の悪辣さに目をつむる論理として語られる。さらに、このケースの(いっそう悪辣な)派生的なヴァージョンとして、過去でも現在でも責任を果たしていないかもしれないが、将来それは果たされるという結果責任のあり方も考えられる。いわば、問題の先送りである。

もうひとつは、その逆である。政治家が高潔で、手続きも公明正大であり、その意味で政治権力が順調に循環していたとしても、何らかの出来事でその政治過程が丸ごと否定される場合である。この場合、その出来事の直接的な因果性が政治過程の中にあるかどうかは、問題とならない。外在的な要因で発生した出来事が政治に支障を与えたとしても、それの対応が不首尾に終わってしまえば、結果責任の名において断罪される。

これらふたつのかなり単純化された結果責任のモデルでは、政治過程の既存の評価、出来事の判断、結果責任を主張する目的などがまったく反対である。どうやら結果責任もまた、論争性から逃れられそうにない。おそらく、ほかにも無数にありそうな結果責任の一族が共有できそうなのは、その形式である。すなわち、政治権力の行使の直近の結果を、その行為者が「責任を取る」ことの対象とする。結果責任がしめすのは、「責任を取る」が、大昔でも未来でもない、直近の過去に対する応答だという発想である。それは、権力行使の主体(A)をかなり明瞭に想定することが可能だということも含意している。

だが、ほんとうに、結果責任としての政治責任が意味するのは、直近の過去に応答対象を限定するだけの原則なのだろうか。私たちはその安易さに甘えて、自己正当化を果たすための道具として結果責任をあまりに酷使しすぎて、その含意を見失っているかもしれない。結果責任を政治の原則として広く知らしめたひとりが、日本政治思想史家の丸山眞男である。いまとなってはやや安っぽく聞こえるこの標語で、実のところ、丸山は何を意図したのか。あらためて読み直してみたい。

「政治的判断」

丸山眞男の結果責任論を再確認するために、「政治的判断」(一九五八年)という講演録を参照したい(『丸山眞男セレクション』平凡社に所収。以下、丸山からの引用文中の強調はすべて原著者による)。「政治的判断」は政治に関する学知のエッセンスが散りばめられた、政治学を専門とする者のみならず、一般市民にとって最良の政治のガイドなので、ぜひ手に取っていただきたい。

そこでは、政治と政界を同一視したり、中立報道を標榜したりするマスメディア(新聞)に対する批判や、イデオロギーに固執する政党政治に対する批判が展開され、現在でもその有効性を維持している。また、民主主義に関して、その経験が民衆の自己訓練の学校であり、多数決が少数意見の尊重と不可分だという、その後の民主主義理論の展開を予想するかのような論点も提示している。さらに、悪法が通ったらそれに対する抵抗が終わりではなく、通ったとしてもそれを適用させないような抵抗をつづけることが大切だと述べる。この主張が、私たち現代人にとって励ましに聞こえるのであれば、その意義は失われてはいない。

ともあれ本書では、こうした比較的よく知られたエッセンスを個別に掘り下げることはできない。だが重要なのは、これらが結果責任としての政治責任という発想から派生するような、政治に対する個別の姿勢だ、という点である。

丸山眞男(1914-96)

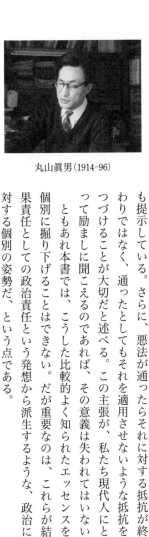

さて、本講演のテーマは、政治的な思考法とは何かである。端的に言えば、それはリアリズム(現実主義)である。しかし、その内容は当時でも今でも誤解されているので、講演の流れとは異なるが、まずリアリズムの意味を確認しよう。

政治的なリアリズムは、「理想はそうだけれども現実はそうはいかないよ」という知の形式、ではない。すなわち、道が一本しかなく、そこを歩む以外の選択肢がないことの肯定はリアリズムではない。こうした俗流リアリズムは、「現実というものをいろいろな可能性の束として見ないで、それをでき上がったものとして見ている」。

これに対して、政治的なリアリズムはまさに逆の発想である。それは、「現実というものを固定した、でき上がったものとして見ないで、その中にあるいろいろな可能性のうち、どの可能性を伸ばしていくか、あるいはどの可能性を矯《た》めていくか、そういうことを政治の理想なり、目標なりに、関係づけていく考え方」である。つまり、現実認識は方向判断と不可分である。いろいろな可能性の方向性を現実的なものとして認識した上で、判断を重ねていくのがリアリズムである。そのため、政治的な思考法は、可能性を否定する状況認識とは根本的に対立する。

さて、講演の冒頭に立ち返って、こうした政治的な思考法がもとめられる社会情勢を確認しつつ、政治責任とのつながりを考えてみよう。まず丸山が指摘するのは、政治の範囲である。それはいわゆる政界に限定されず、それに影響を及ぼすような、私たちの「日常的な政治的な活動」を含む。すなわち、政治的な思考法は職業政治家だけでなく、一般市民にとっても政治的認識の手法である。そのため、「政治的認識が高度であるということは、その個人、あるいはその国民にとっての政治的な成熟の度合を示すバロメーター」となる。

政治的認識が高度であることは、その主体が道徳的に高尚であることを約束するものではない。そのため、自分の政治的な成熟度の不足を隠蔽するために、それを悪者の陰謀のせいだとするのは、「最悪の弁解」である。リアリズムの不足によって、政治的な意図を実現できなかったことは、政治の範疇の問題であり、それを道徳にすり替えるべきではない。もちろん、こうした謀略や陰謀がなかったと言いたいわけではない。たとえあったにせよ、政治的リアリズムがもとめるのは、適切な政治的判断であり、それに対する政治責任である。

現代社会でも、政治に関するフェイクの跋扈に支援されるかたちで、粗雑な陰謀論（およびそれを論拠とする言説の形式）が人目に付くようになってきた。丸山のしめした政治的リアリズムは、それに対する姿勢としても、現代人にヒントを与えてくれる。

結果オーライ？

丸山が結果責任としての政治責任を論じた輪郭が、徐々にあきらかになってきた。まず彼の言葉を聞いてみよう。

> 政治的な責任というものは徹頭徹尾結果責任であります。行動の意図・動機にかかわらず、その結果に対して責任を負わなければならないというのが政治行動の特色です。政治が結果責任であることからして、冷徹な認識というものは、それ自身が政治的な次元での道徳になるわけであります。

可能性の中から選び取ることが政治的な思考法であるなら、政治責任はその選択において発生する。そしてその選択を主導した人間は、それに関する「責任を取る」ことが要求される。私たちは、結果責任を「結果オーライ」と同一視するのをやめるべきだ。「結果オーライ」は自分の判断があったかどうかも判然とせず、あったとしても冷徹な認識はともなわず、偶然に何らかの便益が享受できた事態である。その便益の中身も、政治的な成果ではないことがほとんどだろう。なによりそれは、次の政治的な活動を導かない。

これに対して、結果責任には、政治的な価値以外の評価基準は含まれない。現実を可能性の束として想定するような政治的な思考法が、結果責任の土台である。あるいは、政治的なリアリズムがなければ、結果責任を問うことができない。結果が手段を正当化するというのは、ある結果のためなら何をしてもいいということではなく、政治的思考の結晶としての結果は個々の手段の制約を問題化できるということである。結果は、可能性の選択の産物だからこそ意味があり、可能性を否定した成果ではない。そのため、その選択にともなう責任が発生するのである。

結果責任に関して、すでに第一章でごく簡単に触れた松下圭一に、より洗練された表現があるので参照したい。松下が強調するのは、政策決定において、あらゆる情報や条件や展望が決定者に十全に知覚されることはありえず、それはどうしても選択の問題となる、ということだ。このとき、

政治の結果責任とは、完全情報・完全政策がありえないという前提における、この予測のあり方をめぐる予測責任といいなおしてよい。結果責任は、結果自体というよりも、この予測責任なのである。(『政策型思考と政治』東京大学出版会、一九九一年、一六八頁)

政治的な決定が予測の域を出ないからこそ、それに関する責任が取られなければならない。ある結果責任は次の予測責任と同じであり、それは決定後にふたたび結果責任となる。こうして、未来に向けて政治責任が更新されていく。

なお、松下圭一にとって、すべての市民が、「個人として、政策の主体である」(同上、八七

頁）。そのため、特定の政策選択に関する政治責任は、けっきょく私たちが取らなければならない。政治主体であるかぎり、よりましな予測と結果を積み重ねる過程から、私たちは逃れられそうにはない。

ベターとベスト

政治主体の一般化は、丸山眞男もすでに強調している。政治的な思考法は、政治に関係するかぎり、だれもが必要とする。さらに、「一般にこういう思考法なしにはほんとうの政治的な責任意識というものが成長しない」（丸山「政治的判断」）。こうした思考法がない状態では、政治的判断の過ちが不徳や卑劣などの道義的な弁解にすり替わり、政治責任の問題が解除されてしまうからである。

この場合、動機の純粋さや善良さが判断基準となり、政治的判断そのものの適切さが問われない。さらに価値判断自体が劣化した社会情勢だと、イメージ、（悪い意味での）パフォーマンス、人懐っこさ、あるいは「がんばっている」体が判断基準になるかもしれないし、「他の選択肢はありえないので現状肯定」という独断の極みが判断基準を覆うかもしれない。これらはすべて政治的な思考法ではない。

丸山によれば、非民主的な社会よりも、民主的な社会の方が政治的な思考法を必要とする。

なぜなら、「政治的な選択と判断を要する人の層がふえ、同時にチャンスがふえる」からである。可能性の中から選び取るという責任は、職業政治家たちだけの問題ではない。たしかに責任を取ることは政治家たちに必要な資質である。しかし、政治的な思考は、責任者に責任を取らせるために、私たちの政治責任をも問うている。選択可能性があるということは責任があるということである。

だが、丸山がもとめるのはベストの選択ではない。政治にベストをもとめると、政治的な権威に対する盲目的な信仰か、それに幻滅したときには、そのうらはらにある政治に対する冷笑と結びついてしまう。政治に対する過度な期待を戒めて、ベターな選択を積み重ねるのが政治的選択である。

それは二番手がベストだという教訓ではない。他の選択可能性を排してしまうベストではなく、可能性との対話をつづけながら、よりましな選択をつづけるという意味である。そこで政治責任が実践的に取られていく。政治責任の連鎖する形態に、責任を取らせることの鍵がありそうだが、もう少しあとであらためて考えてみたい。

「現実」主義の陥穽

たしかに丸山は、政治は結果責任だと言っていた。しかし、その意味は結果を受け入れろという要求ではない。可能性の束としての過去に、つねに応答せよという要求である。それは過ぎ去った事柄に対する行動を、未来に向けて選択することである。その行動が十分な対価になるかどうかは、現時点ではわからない。しかし、何らかの行動を取ることが過去に関する責任を取ることになる。つまり、結果責任は、次なる行動を導く原理なのだ。結果責任は次の政治的な対立や選択を導くような原理であり、それ自体で何かの解決になるわけではない。

こうして、未来に向けて過去の責任を取るという政治責任のあり方から、あらためて丸山眞男の周知の議論を再解釈したい。取り上げてみたいのは、ともに有名な論考、「「現実」主義の陥穽」(一九五二年)と「戦争責任論の盲点」(一九五六年)である(『丸山眞男セレクション』に所収)。「「現実」主義の陥穽」は、再軍備問題をめぐる「現実的でない」という反対派に対する批判の分析からはじまる。丸山によれば、ここで持ち出される「現実」には三つの特徴がある。

第一に、現実の所与性である。このとき現実は既成事実を意味する。「現実はいつも、「仕方のない」過去」である。このとき丸山は知るよしはなかったが、一九七五年には時の天皇が広島原爆投下について「やむを得ないこと」と発言し(昭和天皇は同じインタヴューの中で、戦争責任をどう考えるかとの質問に対して、「そういう言葉のアヤについては、私はそういう文学方面はあまり研究もしていないのでよくわかりませんから、そういう問題についてはお答えが出来かねます」と応じた)、そして二〇〇七年には防衛大臣が原爆投下を「しょうがない」と発言して辞任に追い込まれた。もちろん、ここで問題としているのは、歴史認識や道徳的な資質ではなく、政治責任の取り方である。

第二に、現実の一次元性である。現実はきわめて錯綜しているにもかかわらず、現実を見よという要請において、それは過度に単純化される。そしてこの「現実」以外は、すべて非現実となる。丸山に言わせれば、政治問題は現実か非現実かの争いではなく、現実をめぐる選択の争いである。

そして第三に、その時々の支配権力が選択する方向が「現実」となる。すなわち、現実の所与性や一次元性は、支配権力と固く結びついている。「現実」は支配権力を権威づけるとともに、支配権力もまた「現実」以外の選択肢を失う。

丸山の主題が「現実」の徹底による非現実化の招来にあるのは確かだが、私たちはそれを政治責任と結びつけて考えたい。現実が他の可能性を失うことは、政治から選択肢をなくしてそれを必然化して、責任を発生させない。「現実」主義が手にするのは支配権力であって、政治権力ではない。そのため、いつまでも政治責任が取られることはない。「現実」はしょうがない過去だからである。それは昔の事柄だけでなく、いまここで過ぎようとしている事柄についても、同じ口調で語られる。

戦争責任論の盲点

「戦争責任論の盲点」では、戦争責任に関して、一方で、一億総懺悔論が五十歩百歩説であり、「最高最大の責任者に最も有利に働らく」と指摘する。しかし他方で、白黒二分法説は歴史的文脈を単純化するとともに、「心理的効果として一方の安易な自己正義感と他方のふてぶてしい居直りとの果しない悪循環を起す」。そこで必要となるのは、「日本のそれぞれの階層、集団、職業およびその中での個々人が、一九三一年から四五年に至る日本の道程の進行をどのような作為もしくは不作為によって助けたかという観点から各人の誤謬・過失・錯誤の性質と程度をえり分けて行くこと」である。

丸山は被治者としての日本国民の戦争責任を否定しない。だが、その政治責任としてのあり方に、興味深い指摘をしている。

> なるほど日本はドイツの場合のように一応政治的民主主義の地盤の上にファシズムが権力を握ったのではないから、「一般国民」の市民としての政治的責任はそれだけ軽いわけだが、ファシズム支配に黙従した道徳的責任まで解除されるかどうかは問題である。「昨日」邪悪な支配者を迎えたことについて簡単に免責された国民からは「明日」の邪悪な支配に

対する積極的な抵抗意識は容易に期待されない。

国民の政治責任は民主主義が定着した程度によって変わる。その程度が低いなら、その分だけ政治責任の負担は減る。国民に政治的な選択の実質的な機会が与えられていないからである。

しかし、丸山は、それでも道徳的責任は解除されないと主張する。引用部からすれば、それは戦争責任に関する道徳的責任というよりも、政治責任を取ることができない状況を招いた事実に対する責任である。すなわち、ファシズム支配に黙従せざるをえなかった、その意味で政治責任に関与できなかった過去に関する、政治道徳としての責任である。こうした政治道徳が生きているため、政治責任を引き受けることができるような民主主義において、未来での邪悪な支配に対する積極的な抵抗意識が育まれる。

天皇と共産党の責任

とはいえ、国民個人の純然たる政治責任としての戦争責任は問えないかもしれないが、権力の座を占めた人びとの政治責任は問われなければならない。それを問う前提として丸山が指摘するのは、実際の政治的役割への注目と、反体制勢力の影響力の大きさである。こうした前提を念頭に、丸山が戦争責任論の盲点として指摘するのは、天皇と共産党だ。

天皇の戦争責任について、「統治権を総覧」し、最高の軍事指揮権を有していた天皇に責任がなかったとは考えにくい。しかし、天皇が非政治的な存在として表象されてきたことは、その戦争責任としての政治責任を隠蔽してしまう。それは自らの地位を非政治的に粉飾することで最大の政治的機能を果たす、日本官僚制の伝統的機密をその頂点で表現している。そのため、「天皇個人の政治的責任を確定し追及し続けることは、今日依然として民主化の最大の癌をなす官僚制支配様式の精神的基礎を覆す上にも緊要な課題」である。丸山に言わせれば、「天皇の責任のとり方は退位以外にはない」。

他方で、丸山が共産党の政治責任を問うのは、個人レベルでの道徳的責任ではなく、前衛政党や指導者としての政治責任の問題である。丸山はここでも結果責任に言及する。「政治的適任は峻厳な結果責任であり、しかもファシズムと帝国主義に関して共産党の立場は一般の大衆とちがって単なる被害者でもなければ況や傍観者でもなく、まさに最も能動的な政治的敵手である」。

すなわち、共産党が認めるべきは、ファシズムの暴走を抑えられなかった過失であり、その意味での戦争責任である。政治責任はないと主張することは、あるいは道義的な優越性のみに耽溺することは、未来に向かう政治的な思考の道を閉ざす。「共産党が独自の立場から戦争責任を認めることは、社会民主主義者や自由主義者の共産党に対するコンプレックスを解き、統一戦線の基礎を固める上にも少からず貢献するであろう」。結果責任を問うのは、過去の落とし前をつけたいためというよりも、未来の政治的な可能性について承認しているためである。

責任の連鎖

可能性のあった過去と可能性のある未来とをつなぐ政治責任。それは取られることによって、両者をつなげていく。

一般的な責任はそれが取られた時点で解消するのに対して、政治責任は責任者に固有の責任の取り方はあるものの、責任自体は身代わりを重ねて継承されていく。責任の連鎖について、それと一見よく似た事例を参照しながら、もう少し整理してみよう。

類例として取り上げたいのは、虎ノ門事件である。一九二三年一二月に摂政宮（のちの昭和天皇）を狙撃したとして難波大助が現行犯逮捕された。翌年一一月には大審院で死刑判決が下り、二日後に死刑執行された。難波は事件当時二四歳であった。

虎ノ門事件そのものは、四つの大逆事件のひとつとして、法学・歴史的に重要な契機であることに疑いはない。だが本書が注目するのは、事件の影響である。衆議院議員であった難波の父は、事件当日に辞職し、死刑執行後には自ら閉門蟄居して、半年後に餓死した。当時の山本権兵衛内閣は総辞職、警備を担当した警察では警視総監から現場の警官まで懲戒免職となった。

さらには出身小学校の校長やクラスを受け持った訓導までも職を辞したという(なお後年の最後の大逆事件である桜田門事件でも現行犯が逮捕され、当時の犬養毅首相が辞任を申し出たが天皇や元老に慰留された)。

虎ノ門事件は、戦前日本社会を舞台にしつつも、責任の宝庫である。たとえば、責任を取ることに関する、世間・社会的な圧力や非論理的な性格はすぐに目につく。また社会規範の前近代的なあり方と官僚制などの社会構造の高度な組織化との奇妙な抱合や、王の身体に対する危害の代償としての身体の破壊など、社会史的に興味深い責任の発現もみられる。論考「日本の思想」(一九五七年)で虎ノ門事件に論及する丸山眞男の意図は、國體という非宗教的宗教が大正デモクラシー期でも「おそるべき呪縛力」を発揮した歴史的事象の指摘であり、その無形の社会的圧力による、「果てしない責任」の負い方にある。國體は臣民の無限責任によって支えられている。だが本書の関心は、あくまで政治責任として、虎ノ門事件で何が問題となったかである。

関係者一同が取った責任は、政治責任ではない。なぜなら彼らの難波や事件との関係は、政治権力を背景としたものではなく、本事件に関する政治的な選択の余地はかぎりなく小さいものにすぎなかったからである。さらに、一同の責任はそれぞれ個人的・個別的なものであり、その意味で道徳的な罪にほぼ等しい。本事件に関する難波個人との脆弱な因果性を結びつけて補強するのは、社会規範や価値観などの、政治にとって外在的なルールである（だからこそ責任が制度化されずに無限に漏出する）。逆に言えば、政治と道徳が無媒体に混在していて、政治責任が固有のものとして成立していない。

虎ノ門事件の関係者一同は、たしかに責任を取ること（あるいは取らされること）に真摯であった。それは、たとえ非論理的であったとしても、自らの選択可能性をみとめていたかもしれない。しかし、その責任は、難波や事件に関するそれぞれ個別の責任（不徳）であり、身代わりがいるような集団責任ではないのだ。

本書が問題にしてきたのは、政治における責任の連鎖は、こうした個別の責任の無定形的な波及と混同されてはならないという点である。政治責任は責任範囲を明確に限定する一方で、未来に向けて責任を取りつづけ、その確定を先延ばしにする。それは私たちがもつ政治権力の持続と結びついている。虎ノ門事件に関して、私たち民衆の政治責任が不在なので、そのときに生まれていない世代はその責任を負わない。

ハムレットふたたび

本節では「責任を取る」ことの概要を考えてきた。それは、過去の権力行使に関して、現在の権力行使によって責任を果たし、未来の権力行使を導くような、政治権力を継承する行為である。政治責任において、可能性は否定されることなく、次の可能性を育んでいく。それは過去の対価を一括して支払うのではなく、対価のあり方をたえず問題化しながら、支払い続けるような思考の実践である。「責任を取る」には、何らかの権力行使が含まれるのである。「責任を取る」ことの持続は、個別の責任者の権力行使を不問にはしない。むしろ、過去の可能性を承認し、その選択の過失については、権力行使のあり方が再構成されることで、責任が取られる。責任者の入れ替えはその方策のひとつである。しかしこうした措置は、政治権力の遮断や政治責任の精算を意味するわけではない。むしろ、政治権力の循環を維持するために行われる。「責任を取る」ことは、私たちの自己統治が持続するための、根源的な行為と言えそうだ。

さてここであらためて、ハンナ・アーレントが「独裁体制のもとでの個人の責任」でハムレットを召喚したことを思い出そう。

政治責任をひきうける人はだれでも、ハムレットと同じ立場に立たされるのです。

時のたがははずれた〔Time is out of joint〕、呪われよ
それを正すために私が生まれたことは。

〈たが〉のはずれた時間を正すということは、世界を作り直すということですが、私たちに

これができるのは、私たちがある時点において新参者として世界に到来するからです。そして世界は私たちの到着する以前からあり、私たちがあとを継ぐ者たちに世界の重荷を委ねて姿を消すときにも、まだ存在しつづけるからです。

「責任を取る」ことを考えてきた私たちにとって、ハムレットの譬えが絶妙だったことにようやく気付かされる。過去の責任は果たされておらず、私たちは運命の定めにおいて、その責任を取らなければならない。そして、その「責任を取る」は、また新たな〈たが〉のはずれとして、次の「責任がある」を理不尽にも定める。ハムレットに責任を運命的に授けた父王もまた、そうすることによって、自らの責任を取ったのである。

責任は未来に対して選択を課すことによって、たとえ個人の肉体が滅びようとも、持続する。ハムレットは生きるべきか死ぬべきか、その選択を押し付けられた。このとき、世界は私たちの責任が継承されていく舞台である。

2　アカウンタビリティと政治責任

アカウンタビリティの台頭？

「責任を取る」ために何をすべきかについて、具体的な事例を参照しつつ、さらに踏み込んで考えてみたい。幸い政治学には、「アカウンタビリティ」という先行事例があるので、それとの対話を通じて、政治責任を分析しよう。

アカウンタビリティとは、一般的に説明責任と翻訳されるように、ある行為の責任者による、その行為の結果について説明する責任として解釈されている。元来、会計学の用語であり、会計報告の提出を意味していたアカウンタビリティは、徐々に政策評価や統治行為全般の評価へと政治領域に浸透するようになってきた。

日本の政治学業界でも一九九〇年代くらいから定着した用語ではある。だが、新聞記事のデータベースを検索しても、政治ニュースに関して、学者によるコメントでの使用が目立つものの、その使用例は意外と少ない。むしろ圧倒的に多いのは、企業経営に関するものであり、どうやらアカウンタビリティは原義を失っていない。それに代わって、政治領域で一般に使用されるのは説明責任である。

本節のねらいを明らかにするためにも、説明責任の典型的な使用例の確認から議論をはじめたい。

佐賀県玄海町のC町長が福井県敦賀市の建設会社「D工業」から現金一〇〇万円を受け取った問題が発覚して約二週間。これまで進退について明言してこなかった町長の決断は「続投」だった。三日の記者会見で「一から出直し、今しばらく町長の職を続けたい」と語ったC町長。町民からは「辞任してけじめをつけるべきだった」と批判の声も出た。C町長の一問一答は次の通り。

—続投に至った経緯は。

「(後援会)役員会で辞職を求める厳しい結論が出れば受け止めるつもりでいたが、私に委ねられた。町長になって以来、町のために頑張りたいと考えており、いろいろと考えて続投という判断をした」〔……〕

—辞職は考えたか。

「詳しくは言えないが、いろんなことを考えてこの場に臨んでいる。迷惑をかけてしまったという責任はずっと感じている」〔……〕

—信頼回復に向けての取り組みは。

「もう一度、頑張っている姿をいろんな人に見てもらい、町の信頼を少しでも回復させたい。説明責任についてはいろんな形があると思うので、検討していきたい」〔……〕

――改めて、現金受領についての認識は。

「返すつもりだったので、いただいたとは思っていない。自分一人で考えていたのが返金が遅れた原因で、もう少し早く対応すべきだった」〔……〕。（二〇二〇年二月四日付、西日本新聞朝刊。一部表現を変更）

これを受けて開かれた、協議会に関する分析記事をつづけて確認したい。

耳を疑った。玄海町のC町長が、福井県の建設会社から現金一〇〇万円を受け取っていた問題を巡って開かれた町議会全員協議会で、ある町議が発した言葉だ。「町長は事実を全て話したと思う。これ以上、何をもって説明責任を果たしたというのか、疑問だ」。事実関係をただださず、町長の説明を受けて擁護に徹した▼協議会があったのは問題発覚から四日後。非公開で行われたことに不信感を募らせる町民もおり、後にテレビ放映された。私もテレビで見たが、問題について質問しない議員も複数おり、議論の深まりは感じなかった▼C町長は区長会での説明やテレビ放映で町民への説明責任を果たす考えを示している。

だが、納得していない町民がいるのも事実。町民に選ばれた町長と議員、両方の姿勢が問われている。（二〇二〇年二月二二日付、西日本新聞朝刊。一部表現を変更）

説明責任について、見慣れた光景と言ってよいだろう。（多くの場合不祥事だが）説明を必要とする政治的な事案が発生（発覚）して、それについて、責任者が説明する責任があることを認める。そして、説明する場では報道内容をなぞったり、お詫びの言葉を表明したりする。そして、本人やその支援者たちによって説明責任が果たされたと評価されて、幕引きが図られる。

たしかに、説明責任を果たさない政治家がまだ多くいる中で、たとえ儀礼的な形式とはいえ、自らの口で渦中の問題を説明しようとする姿勢は、より民主主義的な対応と言えるかもしれない。ただし、個別の政治家たちの対応の是非はさておき、こうして一般化しつつある説明責任の形式は、かなりの問題点を含んでいそうだ。そのいくつかを、本論に関係するものを中心にピックアップしてみたい。

説明責任の問題点

第一に、そもそも説明責任は手続き的に制度化されたものではない。すなわち、どのような事案が説明責任の対象で、責任者はどのようにふるまわないといけないかは、経験的な蓄積はあるにせよ、公的にルール化されているわけではない。本書の表現によれば、「責任がある」ということについての自覚や評価が、説明責任に関して確立しているわけではない。こうした説明責任そのものが不明確となっている状況で、説明することの拒絶や無視を許すことになっており、それは本書が執筆された背景でもある。以下の問題点は、説明責任が確立している、という前提で論じられる。

第二に、説明責任は何を説明すべきかについて内容上の注文をつけられない。説明する側にとって、報道された以上の事柄を自発的に公開する動機も手続きもない。事実確認以上の事態の展開は、一般的には考えにくい。責任者本人が事実関係を認めるのは確かに重大な意味を持ちうるが、説明責任はそれ以上のふるまいや告白を要求する余地がない。

説明責任をめぐる第一と第二の限界はともに、内容上の不明確さに起因するその実効性の低さという指摘である。なぜこうなってしまうのかについては、政治風土の固有性や政治家個人の資質の問題というよりも、政治の制度的な問題として考えるべきだろう。たとえば、不祥事を起こした政治家にとって、リコール(解職)ができない政治制度に自らが立脚しているのであれば、説明責任を果たす動機は減退する。(所属組織の要請や圧力などの外在的な要素を無視すれば)説明しようがしまいが、自らの当面の身分には関係ないからだ。

選挙については後ほど考えてみるが、仮に自らが盤石な支持層を獲得しているのであれば、やはり説明責任を果たす必要性はなくなる。つまり、リコールや競争的な選挙が存在するような政治制度の方が、有権者の離反が失職に直結しやすいので、説明責任が果たされる可能性が高まりそうである。だが、逆の観点からすれば、そもそも再選を放棄している責任者は、説明する理由がなくなる。あるいは、再選を目指しているとしても、説明責任の放棄で憤慨したり離反したりする有権者たちを支持層として想定していない責任者も、説明することに積極的な意義を見出さないだろう。

さて、説明責任の問題点の第三点目を挙げるとすれば、説明責任を負うことのダメージが責任者にとって大したものではない、ということである。すでに触れたように、説明内容をすべて認めてしまえば、それ以上の要求はなされない。公開の場に姿を現わすストレスは想像に難くないが、会見や会議が無限につづくわけではない。場合によっては、それによって説明責任が果たされ、イメージ向上につながる可能性もあるので、本人自身が前向きであったり、所属組織から積極的に引き受けるよう打診されることもあったりするだろう。上述の新聞記事にあるように、町長派の議員からすれば、協議会で説明責任が果たされて、一件落着という流れになる。説明することは責任を取ることの安易な切り下げになるかもしれず、あるいは別の責任の取り方の隠蔽となるかもしれない。

そのため当然ながら、第四に、説明責任は政治不信を強める可能性がある。説明責任をもとめる有権者にとって、それを果たしたと自認する責任者との折衝は、大きな心理的な負担である。説明はその形式や評価に基準がない上に、それ以上の責任を問うことができない。説明責任の履行で真相究明を図るというのは、これもメディアの常套句になっているが、それに関する手続きや評価基準も不明確なため、有権者の期待を裏切ることが約束されたような(そのため不満が残る)総括のやり方である。結果として真相究明には程遠く消化不良で終わり、説明責任の軽視と政治不信がさらに積み上がることになる。たしかに説明責任を十全に履行しようとしない政治家たちの姿勢は問題だが、そのあり方を政治責任論の見地から考え直して、より実効的なものにしてみたいというのが本章のテーマである。

そして本書としてはこの論拠を強調したいが、第五に、説明責任は政治的な選択の可能性を拒絶する。これは有権者にとっての、である。仮に説明があったとしても、それにどのように応答するかは有権者たちの問題である。既存の説明責任の論じられ方は、責任者のみが行為者とされている。そして、説明行為がなされたならば、その評価や納得はさしあたって問題とはならず、責任者は「責任を取る」と解釈された。だが、私たちの「責任を取る」というターンは説明責任からは語られない。そして、そのターンを無視できるので、職務への今後の邁進が「責任を取る」ことだ、という別の常套句を聞かされることになる。

政治家の役割

たしかにアカウンタビリティは説明責任に一般的に置き換えられてしまっているものの、少なくとも政治学で論じられているそれは、端的に言って説明責任より広い。アカウンタビリティがもとめるのは、経緯の説明や事実の承認、そしてそれに関する謝罪だけにとどまらない。それは責任者の職務に関する政治的な判断や対応をともなう。以下では、政治的なアカウンタビリティについての特質を、行為者、手続き、そして時間という切り口で考察する。そして、アカウンタビリティの限界を冷徹に見極めて、「責任を取る」ことを実現するためのヒントを得られればと期待している。

それではアカウンタビリティは、政治学でどのように語られているのか。日本語で読める代表的な著作である眞柄秀子編『デモクラシーとアカウンタビリティ』(風行社、二〇一〇年)から、そのエッセンスを抜き出してみたい。

同書のなかで、現代を代表する比較政治学者のフィリップ・シュミッターは、アカウンタビリティが民主主義のもっとも重要な要素のひとつだと認める。彼によれば、現実の民主主義の定義は、「統治者が公的領域における自らの行動について、代表者の競争と協力を通じて間接的に行動する市民に対する、アカウンタビリティがある統治の体制もしくはシステム」である。このとき、アカウンタビリティとは「二つのアクターの集合の間(実際には、その大半が個人間ではなく組織間)において前者が他方に、情報を提供し、自らの行動を説明もしくは正当化し、そして後者が課すこととなる予め決められたいかなる制裁にも服することを承諾する関係」である。

現代社会では市民全員が一挙に政治家になることは不可能なので、何らかのかたちでアカウンタビリティに依拠することになる。そしてそれが民主主義の実質を代替している。そのため、アカウンタビリティを確保することが、当該の統治機構の民主主義的な正統性を高めると言えよう。

また、高橋百合子編『アカウンタビリティ改革の政治学』(有斐閣、二〇一五年)によれば、アカウンタビリティの主体としては、有権者、国家内機関、非国家組織、そして国際アクターを想定することができ、以下でもみるように、選挙がその手続きを独占しているわけではない。本書では、政治権力および政治責任が市民から発して、市民に帰着するという循環構造を想定している。そのため、この循環的な政治権力の過程において、アカウンタビリティがさまざまなかたちで組織化されることは当然だと考えている。とはいえ、アカウンタビリティを課す主体を複数想定したままだと議論が錯綜するので、それを市民(有権者)に限定して、政治責任論の骨格を描く作業に集中したい。

さて、シュミッターが指摘するように、政治的なアカウンタビリティの特徴は、その二者間関係が「非対称的な権力の行使」をともなうという点である。すなわち、政治家たちの権力は公的で強力であるのに対して、市民の権力は公的な出現形態はかなり限られており、分散的で、個々には脆弱である。権力の非対称性という点でさらに重要なのは、アカウンタビリティにおいて、市民による応答が構造的に劣位に置かれているという事実であろう。以下ではこの非対称性を、さまざまな論点において考えてみるが、まず取り上げるのは、政治家と市民の関係が、アカウンタビリティにおいてどこまで自明なのかという点である。

不祥事とアカウンタビリティ

たとえば、ある政治家に不祥事が発覚して、ある役職を辞めたという出来事があったとする（実によくある話だ）。この出来事は、説明責任の範囲を超えて、アカウンタビリティが達成されたと評価できるかもしれない。しかし、この場合でも、応答の対象が市民であったかどうか、その意味で政治権力の循環の正常化の過程なのかは、実は判然としない。

政党政治家であれば、所属している政党に対して責任を取るというかたちで、役職を辞めることがある。すなわち、政治家のアカウンタビリティは市民以外の組織を対象とすることも考えられ、その程度や手続きは必ずしも公的なものとは言えない。ただし、よく知られているように、政党による処罰は除名までしかないため、政党内の立場に固執しない政治家を完全にはコントロールできない。

また、政治家であっても大臣などの公的機関の役職に就任している場合、その公職にふさわしいアカウンタビリティが求められる（はずである）。仮にその職務が不良であれば、その公職を失うかもしれないが、政治家でなくなるわけではない。こうした公職者に関して責任を負うのはその任命権者であり、しばしば任命責任が語られる。しかし、残念ながら周知の通り、任命責任は「責任がある」についての言明であり、それは公職者を交換するなどの手続きによって「責任を取る」ので、市民とのアカウンタビリティは想定されていない。任命責任が任命権者と公職者との間の関係であり、市民が関与していない点は、政治責任をめぐる現代社会が抱えるストレスのひとつである。

まとめると、市民と政治家の二者間関係がある場合でも、政治的なアカウンタビリティはその関係のみに限定的に想定されるわけではない。シュミッターによる定式化によれば、二者間による情報提供、行動の正当化、制裁の事前了解と実行などがその要素になる。しかし、政治家の活動すべてが、こうした厳密な要素を市民と共有しているわけでない。とすれば、政治家のさまざまな活動について、アカウンタビリティによって市民への応答をもとめるのは、現状ではかなり期待薄だということになる。たとえば、公職者に関する任命責任が、市民に対するアカウンタビリティとして成立する見込みはなさそうだ。

選挙の機能

しかし、私たちにはアカウンタビリティを実現するための最終手段がある。それは選挙だ。だが、それはどこまでアカウンタビリティの不十分さを補って、政治家に責任を取るように促すのか。

シュミッターは、従来のアカウンタビリティ論があまりに選挙中心的だと批判している。たとえば、現職国会議員が地元で行う国政報告会など、たしかに市民と政治家をつなぐアカウンタビリティの制度化は他にもありそうだが、それも選挙で再選されるためと解釈すれば、選挙の影響はやはり大きそうだ。もちろん、ある政治家の真摯な性格が、市民との対話を自らに促しているという可能性を否定しているわけではない。さらに、アカウンタビリティを発揮することは、自らの身分の進退問題だけでなく、特定の政策の撤回のような個別の行動によって導かれることもあるだろう。とはいえ、有権者の自発的な意志にもとづいて、責任を公的に取らせるのに選挙以外に有効な手段がないのも事実なので、それに注目するのも当然である。

選挙は、政治家や政治組織を、自らの過去の行為に関して応答的であるように促す。なぜなら、そうでなければ、その政治権力を選挙によって奪われると想定されるからである。逆に言えば、競争的で実効的な選挙がないような政治領域では、有権者に対して応答的である必要性は低下する。また選挙結果の如何にかかわらず、政治権力が特定の人物の手元に残るような政治体制でも、同じような状態となるだろう。

選挙の意味をアカウンタビリティの観点から考えてみよう。この場合、選挙が意味するのは、政治的な選択の場である。それは、過去の政治家たちのふるまいを考慮した上で、それを支持するか、あるいは別の選択肢を支持するかなどの行動をともなう。有権者の立場からすれば、たとえ現職が再選しようが、あらたな政治的な選択肢が多数派を占めようが、アカウンタビリティそれ自体の性質が変わるわけではない。すなわち、有権者の責任において選択がなされて、責任者が選出されること自体が「責任を取る」ことである。

アカウンタビリティが、説明だけでなく、選挙まで包摂しなければならないのは、この責任をめぐる一連の更新があるためである。そのため、「職務に邁進するのが責任を取ることだ」という陳述は、政治責任からすれば根本的に責任を誤解している。こうした責任の取り方は、政治責任を道徳的な責任やビジネス・マナーなどと混同している(だから絶対的に悪い、と言い切るほどの自信は本書にはない)。

しかし、仮に選挙による選び直しがあったとしても、それが形式的であった場合はどうだろうか。このやっかいな問題を考える前に、いわゆる「禊ぎ」について、政治責任の観点から話を蒸し返しておこう。

「禊ぎ」の禊ぎ

ある不祥事が発覚した政治家が次の選挙でも再選された場合、しばしば「禊ぎ」を果たしたと言われる。すでにみてきたように、首相退任後も当選を重ねる田中角栄についても、これが言われていた。このような一般化された政界の論理に対して政治責任論が述べるのは、「禊ぎ」は果たされていない、ということだ。

それは、選挙結果に見合わないほど、「禊ぎ」の対象がいっそう深刻だから、ではない。「禊ぎ」が簡単には終わらないからである。もはや、それはその疑惑の政治家個人の責任の問題ではない。それは、そうした人物をふたたび責任者として選んだ有権者の政治責任であり、その同時代人としての私たちにも責任は波及するかもしれない。そして集合的な政治責任として世代を超えて、取られるべきものとして継承されるのである。問題のある人間を公職者にしてしまった責任は、次の選挙でのある選挙区だけの問題ではなく、私たちの政治権力が担当すべき課題である。個人は当選を重ねるかもしれないが、それに関する政治責任は私たちに取り憑いており、その禊ぎは容易には果たされない。

さて、話が広くなりすぎたので、選挙の性格に焦点を狭めよう。アカウンタビリティにとって重要なのは、選挙があるかないかではない(近隣の非民主主義的とよばれる国々でも選挙は存在する)。それが競争的で、実効的かどうかである。すなわち、有権者からして、選択の余地があり、選挙結果が政治的な意義をもつ(選出された政治家が名目的な存在ではない)か、である。一般的な民主主義国では後者はそれほど問題にならないので、ここでは選挙の形式性にのみ議論を集中させたい。

不祥事を引き起こした現職を選挙で落選させられない場合、どのような事態が考えられるだろうか。ひとつは、さまざまなハードルや圧力で他の候補が出馬できない、あるいは出馬したとしても票が集まらないケースであろう(二次元的・三次元的な権力の行使)。あるいは、それと連動するが、選挙制度自体が現職を落選させるのが困難な仕様になっている場合もありうる(たとえば、ある程度の数の政党が存立する状況下での、小選挙区制を主としつつ、比例代表を通じて復活当選があるような選挙制度!)。さらに、一定の固定層を支持母体として固めているような現職を、落とすのが困難な選挙制度の場合もあるだろう。とくに政党政治では、安定地盤の獲得が当該政治家の党内での役職を高めるのに寄与するので、そのますます強まる影響力と比例するような責任に関して、取らせる手段を欠くことになる。

まとめると、選挙がアカウンタビリティを発揮すると主張するのは、かなり甘い現状認識であり、むしろその主張に何か別の意図を勘ぐられてしかるべきだろう。また本書では話を簡略化するために政治家に対象を限定してきたが、政党や政権などの集合的な組織に対する選挙でのアカウンタビリティを想定した場合、その議論はいっそう錯綜する。政治家個人は支持しないが、その所属組織を支持しているなどの反応が生じうるからである。

こうした大きな課題群を脇に置いたとしても、アカウンタビリティを現状の選挙にすべて読み込むには、その器が小さすぎる。このままでは、選挙は規模でも実効性でも、有権者が政治に関して「責任を取る」と自認するには不十分だ。

アカウンタビリティの時間

これまで政治家と選挙に関して、アカウンタビリティの性質を考えるとともに、政治責任に関する課題を考えてきた。最後に、アカウンタビリティの時間というやや抽象的なテーマに注目して、その特徴を考えてみたい。

アカウンタビリティはいつを対象とするのか。これについては過去だということで、異論はなさそうだ。過去の行いや出来事について、それに関する責任者が責任を問われる。そして、説明責任を果たす場合には、そのすでに発生した事項に関する説明が求められる。将来どうするかにも話は及ぶかもしれないが、さしあたり問題となるのは過去であり、その過去をどう受け止めるかという流れで将来に言及される。

そしてアカウンタビリティの政治制度として想定される選挙では、やはり過去が問題になる。

有権者は過去の業績の評価という回顧的な投票行動が期待される。人を選ぶ際には、その略歴やこれまでの言動がもっとも信頼に足る情報である。仮に過去をまったく考慮していないような投票行動が、ある社会の選挙で支配的であるならば、アカウンタビリティの制度化として選挙を想定できなくなる(もっとも、こうした事態は選挙自体を無意味にするわけではない)。有権者が過去を忘れず、政治に対する評価を蓄積しているからこそ、選挙が「責任を取る」の実質として想定可能となる。

さらに付け加えなければならないのは、その過去は基本的には直近である、ということである。アカウンタビリティにおいて、責任者は同一であるか、相当程度に高い同一性が保たれていなければ、意味をなさない。すなわち責任の発生源と「責任を取る」が主体において同一である。この点は、両者の同一性を必ずしももとめない政治責任論において、かなり際立った特徴と言えるかもしれない。

これに関して、ヤン＝ヴェルナー・ミュラーによる興味深い定式化を引用すれば、「アカウンタビリティの概念にコミットしている民主主義は、その定義上、少なくとも直近の過去を忘れることはできないが、よりアカウンタビリティを持たない形の政権において過去はしばしば神話化され、あるいは抹消されもする」(『憲法パトリオティズム』四七頁)。

このように、アカウンタビリティは基本的に過去志向的である。もちろん、その固有の問題点はあるだろう。過去とはいえ、それを確定して、責任の在りかを解明するのが困難であるのは言わずもがなである。また、すでに過ぎ去った事柄について、市民の関心や取り組む姿勢も同じではないだろう。つまり、過去志向的な特性はアカウンタビリティの成立を必ずしも約束するものではない。

こうした過去の確定に関する困難さを承知した上で、いったんそれを措いておこう。時間という観点からの政治責任論の特徴が、あきらかに未来にあるためだ。少なくとも現状のアカウンタビリティには未来がない。これはもちろん、アカウンタビリティ論が近々廃れるという意味ではない。アカウンタビリティには責任を継承して、未来を構成しつづけるという契機が弱い。説明や落選などの制度的対応によって、アカウンタビリティが果たされたら、それは終了してしまう。すなわち、アカウンタビリティが特定の権力関係の末尾を飾るものとして想定され、政治責任のひとつの断章に甘んじている。

政治責任としてアカウンタビリティを考える際に、それを自己完結的な個別の関係のみに限定する思考から、独立すべきかもしれない。市民と政治家の応答関係としてのアカウンタビリティは、たとえ市民にとって非対称的であっても、いつまでもつづき、責任は取られつづける。それによって権力がふたつの行為者たちの間で循環する。このとき選挙はアカウンタビリティを実現する唯一の手段ではなくなり、期待と失望の双方の過剰さから解放される。

アカウンタビリティは、政治家か市民の、どちらかからの一方通行のベクトルではない。シユミッターの慧眼はこれを見据えていた。「アカウンタビリティは、それが機能するとき、市民と統治者とのあいだで責任と潜在的制裁が相互に交換されることを含んでいる」。市民にも責任がある。だから選ぶことができるのである。アカウンタビリティを一過性のものではなく、次の選択を導く政治的な原理として想定できるかが、身代わり可能なものとしての政治責任論でのその評価を決定するのではないだろうか。

3　責任を取る政治の構想

政治を天職にする

ここでいったん回り道をして、これまで政治学が責任を取る政治をどのように描いてきたかを確認しておくことは、私たちの論点を明確化するのに有益かもしれない。紐解くのは現代政治学の古典、マックス・ウェーバーの『職業としての政治』（岩波文庫、二〇二〇年）である。（その薄さからか）現代の政治家の愛読書としてもしばしば挙げられるこの著作では、政治家のあるべき姿が論じられている。

それでは政治と責任の関係について、彼はどのように語っているのか。よく知られている議論だが、政治責任という切り口で、その含意を再考してみよう。

ウェーバーが用いた「職業」(ベルーフ)は、たんなる仕事や労働ではなくて、使命に近いような天職というニュアンスを含むものであった。ドイツの敗戦と革命という混沌とした情勢下、一九一九年一月に行われた本講演は、国家を、ある一定の領域内で正統な物理的暴力行使の独占を(実効的に)要求する人間共同体、と定義することからはじまる。そして政治は、権力の部分をもとめ、権力の分配関係に影響を及ぼそうとする努力、と説明される。ここでウェーバーは、被治者がその支配に服従する内的な正統性の根拠を問題化する。その歴史的考察から導かれた支配の正統性の理念型が、伝統的支配、カリスマ的支配、そして合法的支配である。

マックス・ウェーバー
(1864-1920)

政治責任論の観点からもっとも注目すべきは、カリスマ的支配である。

それが意味するのは、ある個人にそなわった非日常的な天賦の資質による権威が、他の人びとからの人格的な帰依と信頼を獲得するような支配である。それはこれまで、預言者、選ばれし戦士の棟梁、人民投票的支配者、偉大なデマゴーグ(民衆扇動家)、そして政党指導者として歴史に登場してきた。

本講演におけるウェーバーの興味も、このカリスマ的支配にあったようだ。なぜなら、天職という考え方がもっとも鮮明なかたちで根付いているからである。指導者はみずからの偉業を目指し、他の者たちはそれに対する崇拝にも似た服従を誓うという点で、天職としての政治の原理を体現する。なお、彼はデマゴーグと政党指導者を、西洋独自の指導者のタイプとみなしている。ウェーバーがデマゴーグを必ずしも悪く描いていない点は興味深いが、本論からずれるので指摘するに留めたい（この点の発展的な理論分析はナディア・ウルビナティ『歪められたデモクラシー』（岩波書店、二〇二一年）を参照いただきたい）。

近代国家が支配手段として正統な物理的暴力行使の独占をすすめる過程で、職業政治家が当初は君主に奉仕するかたちで登場してきた。権力配分に関与する政治家を、ウェーバーは三つに分類する。第一に、ときとして投票や集会への参加などの政治行為を行う「臨時」の政治家である。つまり私たち一般市民である。第二に、政治への従事では生計を立ててはいない政治団体の役員などの、「副業的」な政治家である。そして第三に、「本職」としての政治家である。

第三の政治家はさらに、政治のために生きるか、政治によって生きるかの区別を導入可能である。これらは択一的な選択ではなく、「のために」が精神的な基準であるのに対して、「によって」は経済的な意味での仕事としての政治である。本講演の主題は、こうした職業政治家のあり方が、世界史的にどのように発達してきたかにある。

政治家の生きる道

さて歴史的な展開を思い切ってスキップして、本講演の同時代にあたる、第一次世界大戦で敗戦国となり帝政が崩壊した段階でのドイツに身を置いてみよう。道は二つしかない。ひとつは人民投票的指導者による政党指導であり、「マシーン」とよばれる党内集票組織を動員した指導者民主主義である。リンカーンやグラッドストンはこちらであり、カリスマ的支配の近代的な事例として歴史に名を刻んだ。

もうひとつは、指導者なき民主主義、つまり天職を欠き、指導者の本質であるカリスマ的資質をもたないような職業政治家たちの支配である。ウェーバーによれば、制度的な条件を勘案すれば、現状は後者しか道がなく、政治的な才能に恵まれた特別な人間が活躍できる目処はまったくたっていない。そのため政治「によって」生きる人間が、政治を運営する。

それでは職業としての政治に関して、どのような条件が必要となるか。職業政治家は権力を行使しているという意識にとらわれて、しばしば高揚感で満たされる。そのため、それにふさわしい人間は、権力が自分に課す責任に耐えられるような人間である。このとき必要なのは、情熱、責任感、平衡感覚という三つの資質である。

情熱とは物事への献身である。この情熱は物事に対する責任感をみちびき、行為の決定的な基準となるときに、はじめて政治家を生み出す（ウェーバーはここでロシアやドイツでの革命の「乱痴気騒ぎ」を否定する）。そして、現実と人間との間に距離を置き、冷静に洞察するのが平衡感覚の役割である。言うなれば、政治家は物事に対する熱さと冷たさを併せ持ち、そのバランスは責任感において保たれるのである。

いったん議論を整理しておこう。ウェーバーは天職としての政治を語りつつ、実はそれを体現するようなカリスマ的な指導者の出現はほとんど期待できないような時代にあった。そこでもとめられるのは、情熱、責任感、そして平衡感覚を持ち合わせた職業政治家である。それには本職としてだけではなく、副業的、臨時的に政治に関わるような人間も想定されていた。その意味で、本講演は本職の政治家だけでなく、ひろく一般の国民に向けられた政治への誘いでもあるのだ。そこでは、権力行使の正常な適用を維持するような資質として、責任が想定されていた。

ふたつの倫理

ウェーバーは、政治を含む、倫理的に方向付けられたすべての行為は、ふたつの対立した準則の下にあると主張する。信条倫理と責任倫理である。

信条倫理とは、社会的な不正に対する批判意識である。それは、あるべき社会像を思い描き、世の中の不幸をできるだけなくそうという高邁な精神である。ウェーバーが言いたいのは、信条倫理が無責任だということではなくて、それが責任倫理とは異なる意味での責任を想定しているということだ。「信条倫理に依拠する政治家は、純粋な信条の炎が消えないようにすることだけに「責任」を感じる」。

だが、信条倫理は自らの理想の実現が、どのような結果を引き起こすかについては考慮しない。そのため、その信条が政治権力と結びつくとき、自己の絶対化や他者の抑圧を呼び起こすかもしれない。最終的に悪逆非道な統治に至った政治権力が、信条倫理に溢れており、不正にまみれた社会への批判と清廉な精神にもとづいている事例は、歴史的に枚挙にいとまもない。ウェーバー没後のドイツの行程もそのひとつだろう。

これに対して、責任倫理とは、人間がその行為について、予見可能な範囲内で、その結果に責任を負うべきだとする考えである。「責任倫理を信じ、それにもとづき行動する政治家は、人間の平均的な欠陥を予測する」。責任倫理は、信条倫理が正反対の帰結を導く可能性を見据えている。その上で、生の現実を直視する目をもち、どのようなものであれ、現実に甘えない。選択可能性を引き出し、その結果に責任を取るのが、権力を行使する人間の務めである。そうした人間は現実からは孤独かもしれないが、それでも現実を冷徹に見極めている。

たしかにいま、時代は興奮と理想の坩堝《るつぼ》にあり、信条倫理が跋扈している。しかし、ウェーバーはこうした人間に興味をもたないし、感動もしないと突き放す。彼が感銘を受けるのは、(老若問わず)成熟した人間が、自らの行動の結果についての責任を負うとき、である。責任倫理は職業政治家の主たる行動規範だ。そして、内に秘めた信条倫理とそれが共鳴するときに、政治は天職となる。

責任を取りつづける政治

このときウェーバーの有名な政治の定式化、「政治とは、情熱と平衡感覚を駆使して、硬い板に力をこめてじわじわ穴をくり抜く作業」、の意図を理解することができる。政治は地味で根気の要る作業である。だがその内奥には炎が宿っている。政治における責任は、こうした内と外とを適切に、バランスよく結びつけるような資質である。

こうして、政治家たちに向けられたメッセージが徐々に姿を現わし、それにともなって熱気を帯びてきた講演も、いよいよ大団円を迎える。『職業としての政治』の末尾を飾る言葉を参照しよう。

自分が世間に対して捧げようとするものに比べて、現実の世の中が——自分の立場からみて——どんなに愚かであり卑俗であっても、断じて挫けない人間。どんな事態に直面しても「それにもかかわらず！」と言い切る自信のある人間。そういう人間だけが政治への「天職」をもつ。

ウェーバーの期待は、こうした天職としての政治が普及することにあった。そして、すでにみてきたように、二度目の世界大戦を生き抜いた丸山眞男とハンナ・アーレントの行き着いた考えもまた、政治的な思考の一般化である。私たちは政治責任——作業を根気よく続けていく責任というべきか——を分かち合っている。そしてそれぞれに政治を天職とし、リアリズム的ではない現実に対しては、「それにもかかわらず！」と言い切る勇気が試されているのである。

たしかにウェーバーの議論は誤解されやすい。自己陶酔的な本職の政治家が悪徳に手を染めることの自己弁護になりうるからだ。ウェーバーが意図したほどに、信条倫理と責任倫理が明確に区別できるわけではなく、それは具体的な政治実践ではしばしば合体している。たとえば、個人の特殊な信条倫理にもとづくある政策を、当該の政治家が実現しようとするとき、反対の声をかき消すために、責任倫理が用いられてしまう。権力を用いる側を擁護する論理として、責任倫理がどこまでも利用される。

こうした責任倫理の濫用に対する予防策のひとつは、責任倫理を含む政治的な思考の、できるだけ広い普及に努めることである。私たち個人も職業政治家の一部であるかぎり、政治責任を共有し、自己批判として指導者を評価する。

ウェーバーは、政治家は未来について責任を取るべきで、過去(特に先の大戦)にいちいち拘泥するなとも説いている。たしかに時代を考えるとあまりに都合のよい言い草で、過去によって政治責任を与えられると論じてきた本書としても容易に首肯できない。さらに、一般市民を政治家とみとめつつも、前節で検討したようなアカウンタビリティを想定していたかとなると、たしかにそれを読み込むのは強引すぎるかもしれない(ウェーバーが文書公開に否定的であり、その責任論がアカウンタビリティにまで及ばない点は、野口雅弘『マックス・ウェーバー』(中公新書、二〇二〇年)で論及されている)。

しかし、ウェーバーの議論で、責任を取ることが未来に向けられている点は、注目されてもよいはずである。政治に関する責任は、熱さと冷たさの間にあって、予見を重ねて、政治の順調な運営を導く役割がある。責任を取る政治とは、いわば、責任を取りつづける政治である。

現代の政治家たちが『職業としての政治』を愛読書とするなら、責任倫理を標榜して、自らの行いを擁護するためだけに、それに依拠すべきではないだろう。自分以外の人間もまた責任倫理を持っているはずだという、自分に対する戒めの書として、それを読んだらいかがだろうか。

新しいはじまり

「責任を取る」ことの意味をまとめたい。本書では、それを権力行使として表出する行為として理解してきた。それを充塡する特定の行為内容が、あらかじめしめされているわけではない。責任者は何かを行為をすることで、「責任を取る」。

責任を発生させた出来事が現在では再現不可能であるために、それに関する別の権力行使が求められる。こうして政治責任は、その乗り物を乗り換えながら、持続していく。前節では、このような責任と権力の終わりのない交代劇、いわば変更可能性のあり方を、政治的なアカウンタビリティとして理解したらどうかという提案を行った。アカウンタビリティは上位者から下位者への恩寵的な施しでもなければ、忠誠と服従をより効率的に再生産する手段でもない。それは同格の者たちの間での、責任を媒介にした、職務に関する持続的なコミュニケーションのひとつのあり方である。

前章では、「責任がある」ことの、私たちにとっての不条理を確認した。責任は私たちの意向やふるまいにかかわらず与えられ、ただ同時に、それを引き受けることのできる能力が認められていた。つまり、運命である――運命に逆らう運命とよぶべきか。

ここでアーレントは、こうした運命にも似た政治責任のあり方に関して、私たちをハムレットとよんだ。ハムレットは、無念を残してすでにこの世を去った父王の亡霊によって、一方的に、その運命を定められた。その意味で、彼は過去によって支配されている。そのため、「時のたがははずれた、呪われよ」と叫ばれたのである。

だが、つづきがある。「それを正すために私が生まれたことは」。私たち責任主体は過去に何らかの応答をする必要がある。そして、それは未来に向けて「責任を取る」ことである。亡霊の出現は予測できない。しかし、いつ出現するかもわからないような(もう二度と見ることはないかもしれない)亡霊に応答するため、恐怖と不安に苛まれつつ、責任を継承しつづける。すなわち、時の〈たが〉がはずれたことは、過去の再出現だけでなく、未来がつねに先取りされて、いまここにあるという意味ももつ(お気づきの通り、本書はジャック・デリダの憑在論の政治責任論への適用を試みている。デリダのハムレット論は『マルクスの亡霊たち』(藤原書店、二〇〇七年)を参照)。

アーレントがハムレットに言及するのも、集団責任の時間的な双方向性を意識しているためである。この点を、前章で言及したアイリス・ヤング『正義への責任』は捉えきれていない。ヤングの整理にしたがえば、「アーレントの議論では、政治責任は、罪と変わらない過去遡及的な概念のように見える。彼女の主な例は、ナチのホロコーストであり、それは、過去の出来事である」(同上、一三六頁)。

これに対して、構造的な不正義に対抗する、ヤングによる即応的な政治責任のあり方は、現在の出来事に関する未来の帰結に責任を負うために、未来志向的だと言われる。「私たちの未来志向的な責任とは、諸制度やプロセスを変革し、それらが生みだす結果がより公正になるようにすることである」(同上、一六六頁)。本書は、政治責任の未来志向的で実践的な性格を明らかにしようとするヤングの思想的な営為に共鳴しつつも、それと対比されるアーレントの政治責任論をめぐる理解については賛同していない。

「主人公」としての私たち

アーレントの『人間の条件』(ちくま学芸文庫、一九九四年。原著は一九五八年出版)での表現を用いれば、「人間関係の網の目」はすでに所与であり、責任を継承する新参者の物語はそこからはじまる。このとき、活動する者は行為者であると同時に受苦者である。「行うことと受けることは、同じコインの表と裏のようなもの」(同上、三〇七頁)である。

過去と未来がともに定められた私たちハムレットに関連して、もうひとつ興味深い指摘がある。

なるほど、だれでも、活動と言論を通じて自分を人間世界の中に挿入し、それによってその生涯を始める。にもかかわらず、だれ一人として、自分自身の生涯の物語の作者あるいは生産者ではない。〔……〕言論と活動を始めた人は、たしかに、言葉の二重の意味で、すなわち活動者であり受苦者であるという意味で、物語の主体ではあるが、物語の作者ではない。〔……〕行為者は、たしかにある場合に物語の主体である「主人公」である。しかし、この「主人公」こそこの一連の出来事の最終的結果の作者であると、はっきり指摘することはおよそ不可能である。（同上、二九九～三〇〇頁）

すでに物語の中にいる私たちは、シェイクスピアではないのだ。政治責任から脱出できず、それを引き受け続けるしかない。

可能性とともに

亡霊が告げるのは、重苦しい過去だけでなく、新しいはじまりでもある。新しいはじまりは、「責任を取る」ような行為によって継承される。それは政治責任を引き受ける、私たち自身の更新でもあるのだ。私たちはそれぞれが主人公として、自らの運命に思い悩み、選択を重ねていく。未来が未確定でわからないからこそ、選択にともなう責任が発生する。その責任は結果責任として、私たち権力のある者に、次なる応答を強要する。

集合体な政治責任が、自分たちが直接関与したわけでない責任であることを思い起こそう。

たしかにそれは不満の種であり、私たちを受動的に苦しめる。しかし、私たちはこれを継承する。こうして次の「責任を取る」ことを行うのである。そして、それは可能性の担保でもある。なぜなら、政治権力が循環しているかぎり、責任者に責任を取らせるには、私たちが率先して責任を取ればいいからである。

ヤングにとって、政治責任は構造的不正義に対する個人の関与の程度によって分有されるものであり、アーレントの政治責任論は理不尽すぎるように映ったようだ。だが政治責任の理不尽さは、私たちが全体として世界に何かを果たすことができるという期待の現れであり、そこにはじまりが宿っているのである。

可能性を認めて、予測の上に政治的な選択を行うことは、「責任を取る」ことである。このかなり素朴な政治責任の定式化は、選挙時における投票行動のみの問題だけを想定しているわけではない。以下の章でもみるように、たしかに選挙での選択の有意性の確保は政治責任の重要課題だが、「それにもかかわらず！」と言って「現実」を批判し、選択可能性を切り開いていく政治的な思考は、いまここでも発揮できる。

一連の政治的な行為によって、「責任を取る」が構築される。政治責任が集合的であるならば、それは公共的に、コミュニケーションを通じて継承される。しかも、その継承は唯一の儀礼ではない。その都度の政治的な判断において、別の可能性を考慮した上で、新たな責任を積み重ねている。本職の政治家はその先導役である。たとえば、一九八五年のヴァイツゼッカーにとって、国民の政治責任を明確にすることが、自らがその政治責任の部分的な実践を意味するものであった。政治家が政治責任を果たさないのであれば、私たちの責任でそれに権力行使をする。こうした責任の循環的な継承が、次の新たな主人公の天職となる。次章では、私たちの責任の取り方について、現代社会の具体的な事象と対話を重ねながら考えてみたい。

第4章　無責任から責任へ

1 政治問題としての無責任

本章は、無責任という現代政治の持病について解析するとともに、その治療法を模索する。すなわち、これまで私たちが形成してきた政治責任論を現状にあてはめてみて、その取らせ方を構想することを主題とする。まず本節では、政治責任という展望から、無責任としてどのような症例を観察できるかを確認したい。

責任否定の論理

責任について政治学はそれほど真面目に取り組んでこなかった、と本書のはじまりで指摘した。だが、それ以上に深刻なのは、無責任についての概念分析が欠けているという点かもしれない。

もっとも、現代政治科学の父とよばれるべきチャールズ・メリアムらによる『棄権』(*Non-Voting: Causes and Methods of Control*)が、はやくも一九二四年に出版されたように、大衆民主主義状況における不参加は政治分析の中心的な対象のひとつとなってきた。つまり、大衆はようやく選挙権を獲得したにもかかわらず、それを行使しないような事例は、比較的早い段階で指摘されていた。問題は、こうした一連の(非)政治現象を無責任とよぶべきかどうか、その妥当性である。
もちろん、無責任に関する政治分析が皆無だと言いたいわけではない。重大な例外として、丸山眞男の「無責任の体系」という概念提示がある。以下では、またその胸を臆面なく借りつつ、政治責任の体系の描出につなげていくことを考えている。無責任をいくつかに類型化しつつ、政治問題としての無責任について考えてみたい。

昨今では、政治的な不祥事が生じるたびに責任者たちの口から、「誤解」や「お騒がせ」を世間に与えて申し訳なかったと判子で押したように表明される(それ自体、典型的な二次元的な権力の行使である)。その修辞学的な分析は他に譲るとして、たしかなのは、こうした謝罪対象のすり替えが過去の選択可能性を消去するような、非政治的な態度だということである。それは政治責任に関する問題を、言語表現や社会生活における過失、さらに個人のマナー上の過失に置き換える。

ここに、政治における無責任のあり方のひとつを見つけることができる。それは自らに「責任がある」を肯定しない態度である。それが積極的な否定でもないというのが、いっそう悪辣だと言えるかもしれない。謝罪対象のすり替えは、政治責任の在りかにまで、責任追及の刃を届かせない。より表面的な(と言っても、重要ではないという意味ではない)、個人の社会的なふるまいの問題に、事例を還元する。不祥事の当事者は表面的な出来事に関して責任を取っているのであり、自らの政治責任、すなわち政治権力の選択的な行使に関する能力をどのように保持しており、いかに行使したかについては触れない。当該の出来事について、「責任がある」をうやむやにする。

こうした事例がしめすのは、ある責任を取ること（この場合では世間を騒がしたことへの謝罪）によって、政治責任を隠蔽してしまうような権力行使の存在である。この当事者を無責任だと非難するのはけっこう難しそうだ。なぜなら、（政治とは別の）責任を認め、それを果たしていると主張するのに十分な材料があるからだ。このように、別の事柄を注入することによって、政治責任はかなり薄まりやすい。あらためて言っておくと、本書はこの朦朧とした政治責任を、できるだけはっきり際立たせることを目的としている。

政治責任のあいまい化という意味での無責任に対しては、「責任がある」の明示によって対抗するのが王道だろう。その上で、どのような政治責任を取らすべきかが変わってくる。その判断を下すのは、私たちの責任である。

既成事実への屈服

丸山眞男「軍国支配者の精神形態」（一九四九年）を参照することにしたい。ここでは東京裁判で露呈した軍国支配者たちのふるまいを糸口にして、日本の統治構造が分析された。それを通じて明らかとなったのは、戦争遂行という重大事が実は非合理的決断の膨大な堆積だという暗《あん》澹《たん》たる事実であり、自らの行動をたえず倫理化して自己弁護を図る、支配者たちの弱い精神であった。日本の支配層を特色づける、矮小性をもっとも露骨にしめしたのは、戦犯者たちから異口同音に述べられる戦争責任の否定である。

もちろん丸山は、支配層の「主体的責任意識」の希薄さを個人的な道徳の問題とは思っていない。それは体制の問題だ。丸山が彼らの千差万別の自己弁護をえり分けた先で見つけた論理的鉱脈が、「既成事実への屈服」および「権限への逃避」である。

既成事実への屈服とは、「既に現実が形成された」ということが、それを是認する根拠となることである。それは、自ら現実を作り出すのに寄与しておきながら、いったん現実が作り出されると、今度は逆に、それに関与する周囲や大衆の世論によりかかろうとする運動である。既成事実を前にして、個人的な賛否は問題とならず、それに追認することで時流に乗っかろうとする。このとき、私情を殺して体制(大勢)に従うことは、もはや美徳ですらある。

いまや既成事実は、あらがうことのできないような自然や運命として、行為者を拘束する。丸山もまた、責任に関して、過去と未来の対立に注目しているので、参照してみよう。

ここで「現実」というものは常に作り出されつつあるもの或は作り出され行くものと考え

られないで、作り出されてしまったこと、いな、さらにはっきりいえばどこからか起って来たものと考えられていることである。「現実的」に行動するということは、だから、過去への繋縛のなかに生きているということになる。従ってまた現実はつねに未来への主体的形成としてでなく過去から流れて来た盲目的な必然性として捉えられる。（『丸山眞男セレクション』）

ここで問題となっているのは、前章でみた俗流リアリズムの裏返しである。すなわち、現実がひとつしかないからこそ、その道を進むしかないという形式での、責任の否定である。

こうした論拠は、あるときにはそれに同行しない人たちへの現実の名を借りた攻撃となるし、またあるときにはそれ以外に選択肢がなかったという自己弁護の助けとなる。そこで奪われているのは、選択の可能性であり、それに関与する政治権力および政治責任である。さらに、それらが導くはずの未来も、この没収品のリストに加えるべきだろう。自らが作り上げてきた既成事実は、過去への繋縛をいっそう強めて、責任とともに判断の余地を奪う。既成事実への屈服を重ねる運動は、周囲を取り込みながら、国民のみならず「英霊」までもが納得しないという境地にすら至るのである。

抑圧委譲の原理

丸山は既成事実への屈服という無責任のあり方を、論考「超国家主義の論理と心理」(一九四六年)でかつて自ら定式化した「抑圧委譲の原理」と結び付けている。抑圧委譲の原理とは、日常生活における上位者からの抑圧を下位者に順次委譲していくことで、全体の精神的なバランスが保たれるような体系である。たしかに、この原理では垂直方向に下降して圧力がかかるという点で、下位者の独走に対する妥協的な追従をともなう既成事実への屈服と、ベクトルが正反対にもみえる。しかし、丸山によれば、両者は矛盾ではなく、同じ体制で表出するふたつの特異な兆候である。

つまり、「下剋上」は抑圧委譲の一面をしめすような病理現象である。「匿名の無責任な力の非合理的爆発」としての下剋上は、下からの力が公然と組織化されない社会においてのみ生じる。それはいわば、「倒錯的なデモクラシー」である。

本当にデモクラチックな権力は公然と制度的に下から選出されているというプライドを持ちうる限りにおいて、かえって強力な政治的指導性を発揮する。これに対してもっぱら上からの権威によって統治されている社会は統治者が矮小化した場合には、むしろ兢々として部下の、あるいはその他被治層の動向に神経をつかい、下位者のうちの無法者あるいは無責任な街頭人の意向に実質的にひきずられる結果となるのである。抑圧委譲原理の行われている世界ではヒエラルヒーの最下位に位置する民衆の不満はもはや委譲すべき場所がないから必然に外に向けられる。非民主主義国の民衆が狂熱的な排外主義のとりこになり易いゆえんである。〔……〕かくして支配層は不満の逆流を防止するために自らそうした傾向を煽りながら、却って危機的段階において、そうした無責任な「世論」に屈従して政策決定の自主性を失ってしまうのである。(同上)

丸山がここで描く、既成事実への屈服と抑圧委譲の原理の、非民主主義状況における相補的な関係性――それは対外的な暴力となって噴出する――は、無責任が新たな無責任を生み出す過程である。実際に政治権力の行使を担う上位者の無責任と、下位者による匿名の無責任な力の非合理的爆発は、政治に無責任を呼び込む。いわば、上位者と下位者との間で、選択可能性を否定しながら、無責任の応酬が続発する。

権限への逃避

東京裁判の戦犯たちが自己の無責任を主張する第二の論拠は、「訴追されている事項が官制上の形式的権限の範囲には属さない」ということである。すなわち、彼らは法規で規定された厳密な職務権限に従って行動したまでで、それ以上の責任は生じ得ないと主張する。そして、それぞれの権限は細分化されており、限られた範囲でしか影響を持ちえず、とても重要事項についての決定をカバーできるものではない。こうして、すべての支配者たちが官僚精神を発揮することで、責任を負うべき存在が消失する。

「君主に直属する官僚の責任なき支配」で統治の分裂を避けるためには、君主にカリスマ的な資質があるか、それとも強力な議会があるか、のいずれかしかない。近代国家建設の礎《いしずえ》となった世代が退場したのち、政治権力を統合するような制度や精神は残されていなかった。丸山の表現によれば、権力はますます矮小化し、「政治家上りの官僚はやがて官僚上りの政治家となり、ついに官僚のままの政治家（実は政治家ではない）が氾濫する」（同上）。東京裁判の被告の顔ぶれに、官僚のままの政治家、さらに官僚のままの軍人を見てとることができよう。

注目すべきは、主権者であるはずの天皇もまた、自らの権限に逃避して、責任を取らないという事態である。「このような政治力の多元性を最後的に統合すべき地位に立っている天皇は、擬似立憲制が末期的様相を呈するほど立憲君主の「権限」を固くまもって、終戦の土壇場まで殆ど主体的に「聖断」を下さなかった」（同上）。こうした悲劇はたんに個人の性格に帰せられるものだけではない。絶対君主と立憲君主、言い換えれば神格化と矮小化が同時進行したため、天皇の政治主体としての立場が不明確となる。

日本の「重臣」其他上層部の「自由主義者」たちは天皇及び彼ら自身に政治的責任が帰するのを恐れて、つとめて天皇の絶対主義的側面を抜きとり、反対に軍部や右翼勢力は天皇の権威を「擁し」て自己の恣意を貫こうとして、盛に神権説をふりまわした。こうして天皇は一方で絶対君主としてのカリスマを喪失するとともに、他方立憲君主としての国民的親近性をも稀薄にして行った。（同上）

このように、既成事実への屈服および権限への逃避によって丸山が素描したのが、日本ファシズム支配における「無責任の体系」である。それを特殊な政治体制の特徴として論じた丸山の意図を超えて、いまや政治の無責任一般を語るための参照枠組みとして用いられる。いくつもの研究や書籍が指摘するように、無責任の体系は戦前日本社会固有のものというよりも、近代社会全般の特徴と言った方がよいかもしれない。

丸山は無責任の体系を三つの政治的人間像によって説明する。それは権威を代表する神輿、権力を代表する役人、そして暴力を代表する無法者である。

国家秩序における地位と合法的権力において、神輿、役人、無法者が上から順で並んでいる。だがその実態は、神輿は実質的な決定権を持たず、役人が実権をふるい、そして無法者は無責任に暴れて享楽に耽っている。ある個人がこの階層秩序で上昇するには、それぞれの階層に想定された身のこなしを習得する必要がある。つまり、丸山が使っていない言葉を用いるなら、型にはまっていかなければ上位者になれない。「そこに無法者が無法者として国家権力を掌握したハーケンクロイツの王国との顕著な対照が存するのである」(同上)。

ドイツとのあまりに鮮やかな対比が実際に成立するかはともかく、たしかなのは、神輿、役人、そして無法者のいずれも政治責任を取るような主体ではないということである。

責任の反対

丸山による定式化をもう少しだけ酷使して、神輿、役人、そして無法者の、責任との関係を詳しくみておきたい。

神輿は責任がある、にもかかわらず責任を取らないような政治的人間像である。神輿にはその地位に応じた責任があり、重要な決定を行う任務がある。それはたしかに実際に行われているだろう。しかし、神輿によれば、それはたんに下から上がってきたものを決済しただけで、本人に決定事項の変更や差し止めができるわけではなく、その意味で責任を取れない。すなわち、選択可能性の実質は神輿には残されておらず、まさに担がれるだけの存在である。そのため、神輿は責任を取る行為ができない。

役人は権力行使の中核を担う存在である。しかし、役人は自らに責任があることを全面的には認めないだろう。役人の職務は中間管理職として上と下からとの要請に応じることであり、その権限はかなり限られている。権力行使の内容確定や運用を担当しているにもかかわらず、そしてその役割の大きさに対する社会的な認知を得ているにもかかわらず、その権限に付随する責任が影響力と調和していない。権力行使という観点からすれば、責任がないのに、責任を取るような行為を主導する。そのため、実際に行為の責任が問題になった場合、こうした役人は容易に己の権限の内側に逃避する。役人によって取られる責任は、きわめて脆弱で空虚だと言えよう。

無法者はまさに無責任な存在として想定される。しかし、ここで言うところの無責任はかなり多義的である。第一に社会秩序に対する無責任であり、全体が考慮されることなく、もしくは自分勝手な妄想によって全体が引き摺り回される。第二に自分に対する無責任であり、無法者は失うものがないので、自暴自棄に行動ができる。自分を大切にするという規範が無効となるので、無法者の行動は合理的な推測を裏切って、社会を不安定化させる。これらに加えて本書がさらに問題としたいのは、第三に、無法者は政治に対して無責任となる。政治をごく簡単に集合的な権力行使と認識した場合でも、そのあらゆる要素が成立するような共通の土台を破壊する。政治責任に話を戻すなら、無法者には責任がなく、そして責任を取らないので、政治に対する深刻な不安定化要因となる。

無責任のいま

まとめると、神輿は責任はあるが取らない、役人は責任はないが取る行いを担当する、そして無法者には責任はなく、取りもしない。もちろんこれらは政治的な無責任に関する理念型であり、特定の人物が排他的にいずれかの属性をもつということではない。たとえば、「悪の陳腐さ」という有名な表現とともに、役人型無責任の典型とみなされていたアイヒマンについても、近年ではその無法者としての性格が注目されるようになってきた。

しかしながら、やっかいなのは、こうした無責任の理念型を自覚的に対象化しながらも、そうした私たち自らのふるまいにこれらが浸透している点である。何らかの政治的な出来事が生じた場合に、私たちは自分に責任はないとつい言いたくなる。しかし、こうした態度はこれら理念型のいずれかに、すでに陥入している可能性がある。

これら無責任の理念型で共通するのは、「責任を取る」の否定として無責任が描かれるということである。その否定の内容はさまざまあるだろう。たとえば、権力行使が放縦で恣意的かもしれないし、あるいはその不作為によって目的が達成されないかもしれない。権力行使の公的な資格がなかったり、著しく制限されている場合もあったりするだろう。いずれにせよ、政治権力が適切に行使されず、それにともなう政治責任が果たされない状態にある。すなわち、無責任とは権力行使の不在を意味しているのである。神輿として担がれているのは、実は主権者である私たちかもしれない。

このとき、権力は「現実」に流されて選択の余地を失い、政治的判断が放棄される。そこにあるのは管理と分別のみに資するような、公権力のあり方である。政治に関する問題は、議論の余地がなく、価値中立的なものとして脱政治化される。世の中の出来事の脱政治化こそが政治の目的となるような、皮肉な状況に私たちは直面しているかもしれない。このとき、政治責任が取られない現状は腹立たしいが、いずれ責任という発想自体が政治からなくなり、私たちのストレスは多少なりとも解消されるかもしれない。これが本当に救済を意味するのか、次節で無責任の政治のあり方をもう少し具体的に検討しながら、考えてみたい。

2 無責任な政治

何が権力を否定するのか

政治における無責任は、別の可能性を認めないような状態であり、政治そのものを否定するような状態である。無責任状態は管理や統治などとよばれて、合法性を独占した権力が行使されるかもしれないが、選択と身代わりを含むような責任のあり方と対応した政治権力は行使されない。本節では、政治における無責任が意味する事柄を考察して、それに関する対応を準備したい。

これまで本書では、政治の権力的な契機を否定するものとして、「現実主義」を丸山眞男とともに確認してきた。それは現実をひとつに限定して選択の余地を奪うことで、権力行使とそれにともなう責任の可能性を封殺するような言動であった。こうした「現実主義」はたんに戦前日本社会だけに限らず、戦後にも、あるいは日本以外にも見られるような無責任の言説である。私たちも、こうした発想にどっぷり浸かっていることには自覚的でなければならない。

「現実主義」の脱政治的な傾向に対する警鐘は、政治の原理的な考察の土台に関係するような、とても秀逸な指摘であった。そのため、なかなか別の事柄に注意が向かないものの、丸山が論じた対象の中では、たとえば全体主義的な暴力も、もちろん権力を否定する。これはどちらかといえば、ハンナ・アーレントの論点であった。彼女にとって、暴力とはなにより、道具を用いて力を増幅する特徴をもつ。これまで、もっぱら暴力の手段だけにもとづくような政府は存在したことはなく、何らかのかたちで権力は生き延びる。かなり暴力的な独裁者であっても、その協力者たちがいなければその体制を維持できないのは自明であり、その意味で権力の契機は完全には失われない。

つまり、暴力と権力は同時に存在できる。だが、暴力は権力に対してあきらかに攻撃的で、その支配をもくろんでいる。「暴力はつねに権力を破壊することができる。銃身から発する命令はもっとも効果的な命令であり、一瞬にしてもっとも完全なる服従をもたらす。銃身からはけっして生じえないもの、それは権力である」(『暴力について』一四二頁)。

暴力が権力をつねに破壊可能だということは、暴力の影響下での権力的な行為はその恐怖によって支配されているということだ。そこには選択があるかもしれないが、それは暴力に反する選択が実質的に失われている。アーレントによる暴力と権力の印象的な対比を引用しておこう。

政治的にいうとすれば、権力と暴力は同一ではないというのでは不十分である。権力と暴力とは対立する。一方が絶対的に支配するところでは、他方は不在である。暴力は、権力が危うくなると現れてくるが、暴力をなすがままにしておくと最後には権力を消し去ってしまう。〔……〕非暴力的権力というのは、実際のところ、言葉の重複である。(同上、一四五頁)

権力が失われた暴力支配において、政治責任がなくなる。それは政府の責任を問う声が聞かれなくなるというだけでなく、支配が恣意的かつ絶対的なので、選択可能性に関わる責任を問うような局面が想定されなくなる。支配それ自体が唯一の現実となる。

嘘と政治責任

こうしたこれまで論じてきた言動の他にも、権力を否定するようなものはありうる。そのうちのいくつか、とりわけ情報に関するものを簡単に取り上げてみたい。

ひとつは嘘(フェイク)である。政治における嘘の問題は近年クローズアップされてきた感がある。その構造はいささか入り組んでいる。権力者が嘘を撒き散らすこともあるし、一般市民が嘘を生産することもある。とりわけ、マスメディアの情報集約力と拡散力の高まり、知識へのアクセスの充実、既存のメディア以外のコミュニケーションのあり方の増大、そしてそれらに対する権力者や一般市民の参加などにより、情報とともに、嘘もまた増幅する。その結果、嘘が嘘を呼び込むような、真理をめぐる混乱状態が生じる。

こうした現状は、今後も多角的に分析されなければならないが、政治(学)にとって深刻な症例は、嘘によって政治責任が解除されるかもしれないという点である。まず、嘘は権力行使をともなう政治的な判断を狂わせる。のみならず、それは嘘を流布させた人間や組織に対する別の責任や、それに惑わされた者たちの責任のあり方など、やっかいな責任問題を次々と発生させる。こうした状況では、政治責任を論じる意義は著しく損なわれる。

これに対して、率直に言って、私たちのなしえることはそれほど多くなさそうだ（もはや無責任に肉薄している）。ひとつは政治に関係する者たち一同に、嘘は止めようと呼びかけることだが、いろいろな意味であまりにナイーヴだ。もうひとつは政治責任を法的責任に置き換えて、情報の正しさを判定するような機関や手続きに、いっそうの権限を与えることである。だが、こうした措置が自らに対する権利侵害の呼び水になるかもしれないというだけでなく、政治責任が成立するコミュニケーションの土台を掘り崩して脱政治化を助長するかもしれず、諸手を挙げて賛同はできない。

そこで、必要なのは、嘘を許容し克服できるような政治責任のあり方である。情報の嘘を見抜く能力の育成はもちろんだが、できるだけ多様な情報ソースにアクセスできる環境整備や、政治的判断の重みを分散し、いつでも補修できるものを選択するような政治責任のあり方である。その意味で、嘘が蔓延するような社会情勢は、政治責任を解除するどころか、その多元的で慎重な運用をもとめると言えそうだ。

政治責任を一元化すると、嘘に踊った際に、政治権力に重大なダメージを与えかねず、また責任問題が深刻化してしまう（そこで責任が取られなかったらなおさらだ）。そのために、政治責任を取る機会を多元的に制度化しておくのはどうだろうか。それは選択可能性をたくさん確保しておく意味でも、有益な措置に思われる。

情報公開と政治責任

情報に関する政治責任のテーマとして、もうひとつ重要なのは情報公開である。情報公開の必要性について、通例は「知る権利」の観点から論じられている。本書はこうした潮流に異を唱えるつもりは毛頭ないが、情報公開は十全な政治責任の履行という観点から語られてもいいのではないかと考える。すなわち、責任者の誠実な職務への取り組みを監査可能なものとすると同時に、正確な情報にもとづき私たちの権力行使を可能にする基盤として、情報公開がもとめられる。

政治権力の循環という理解からすれば、情報公開の徹底はいっそう必要だ。本書の執筆時点では公的機関の議事録の不在が問題になっているが、それは責任者に対する責任の追及という目的だけでなく、政治責任を引き受ける私たちの立場から、権力行使および決定過程の透明化がもとめられるのである。政治家にとって情報が必要であるのと同程度に、私たち臨時の政治家たちもまた情報を必要とする点は、さらに提起されてもよい論点である。

政治と真理

政治と真理の関係について、簡単に触れておこう。私個人としては政治に真理を実現してほしいと望むし、それが当然だという解釈も一般社会にある程度浸透している。しかし、やはり最終的には真理かどうかが分からないという健全な懐疑主義を、政治は抱いていた方がよいのではないだろうか。

真理実現に固執すると、その反対者を攻撃するような殺伐とした空気感や、苛烈な競争主義をともなう過剰な権力欲が強まるかもしれない。なにより、政治責任を否定することになるかもしれない。責任は可能性の中からの選択に付随するものであるため、たとえ真理によってでさえ、可能性が失われた状況だと、アカウンタビリティにもとづく政治責任は少なくとも姿を変えそうだ。真理を括弧に入れて、それでもそれをもとめてベターな選択を重ねるのが政治であろう。そしてその継続に責任が付随している。

念のため言っておくと、だからといって真理が存在しないと主張したいわけではない。上述の通り、政治に関する情報はできるだけ高い精度での真理が必要だ。この場合、真理にもとづく政治とは、包み隠さず正直な政治のことである。フェイクの増殖に引き摺られるかたちで、真理もいささか融通無碍に使用されはじめているので、それを政治責任のもとに立ち戻らせて理解する必要がありそうだ。真理を目的とした政治というよりも、真理を条件とした政治が、私たちの責任の構成を支えている。

無責任の諸相

無責任な政治は責任さえ取られるなら克服できる、というわけではない。私たちがもとめているのは政治責任であって、その他の責任の形式ではない。たとえば責任感の強い、倫理的に高潔な政治家が現れて、その指導の下に私たちが無条件に服従するような体制を、政治責任が実現しているとはよばない。政治的判断が絶対的に正しいのであれば、それに対する責任は生じえない。

本章の冒頭で例示した、政治家による世間を騒がした事柄についての謝罪の形式をふたたび取り上げてみよう。これでは政治責任が果たされたと評価することはできない。謝罪は無意味とまでは言わないが、説明責任の一部にとどまり、アカウンタビリティの実現には程遠い。こうした謝罪の形式は、政治家の立場からすれば、政治に対する意図的な倫理化として解釈できよう。すなわち政治責任を果たすべき事柄に関して、社会的な規範やマナーからの逸脱に置き換えて謝るという構図である。

こうした対応が政治的に無責任なのは、政治における可能性を問題化せず、別件として謝罪するからだ。政治責任への冒瀆という意味では、いっそう罪深い態度だと言えるかもしれない。

同様の態度は、政治(家)に対する批判を悪口と解釈して、批判精神の芽を摘んでしまったり、職務への居直りを、責任の真摯な追求として自己正当化したりする際にも、発現する。あるいは、同情をさそうような、病気を理由にした政治責任の履行の否定や、本職の政治家の死亡すら、「弔い合戦」(だれに対する?)と称して次の選挙活動のエネルギーに転化する作法もまた、政治責任を毀損する。

念のため述べておくと、たしかに政治指導者の体調はかつては最高度の機密であったかもしれないが、いまやもっとも公開されなければならない情報のひとつとなる。なぜなら、指導的役割を果たすことが十分にかなわないのであれば、私たちに対する責任として、そして私たちの責任として、次の責任者を選出しなければならないためである。政治責任は身代わり的であって、つぎつぎと個人を渡り歩いて行く。そのかぎりで、政治権力はドライで、いちいち惜別の情をしめしてはくれない。私たちにとって責任のある政治を実現するためには、責任者の体調はつねに懸案の事項である。

無限責任の無責任

それでは、政治と倫理を混ぜ合わせることで生じる無責任について、すでに取り上げてきた事例を再編集しつつ検討してみたい。丸山眞男が指摘するのは、非宗教的宗教としての國體の魔術的な力である。虎ノ門事件では、およそ政治責任とは異質な形で、上から下まで、犯人と関係すると(非論理的に)想定された人物や組織が責任を負った。こうした事態を、丸山は臣民の「無限責任」とよんでいる。無限責任は、國體に対する責任であり、その関係性がつくりだす同調圧力と規律権力によって、影響が及ぶ限りで服従的なふるまいを組織化する。一般人が社会規範に敏感になり、それに対する応答に直面しているという点で、高度に倫理的な社会状態である。

しかし丸山に言わせれば、「無限責任のきびしい倫理」は、決断主体および責任の帰属の明確化を避けるような戦前体制のようなメカニズムにおいては、「巨大な無責任への転落の可能性をつねに内包している」(『日本の思想』岩波新書、一九六一年、三九頁)。政治を含めた世の中の人間行動のすべてが、無限責任を原理とした倫理に置き換え可能なとき、政治権力は決定的に無責任になる。

結論的に言えば、高い倫理性を誇る社会や、自己規律が強い社会(もしくは「民度」が高い社会!)は、政治責任が十全に果たされることを約束するわけではない。民度が高い社会にもかかわらず、民度を不用意に語る政治家の政治責任を問わないような社会も存在する。あるいは、ときとして責任感の強さが政治責任の発達を阻害することがありうる。

倫理的であることと、政治を倫理化することを区別した方がよさそうだ。倫理的であるような性格が、人間を政治活動に向かわせ、あるいは責任者のあるべき基準として参照されることを、本書は否定したいわけではない。むしろ、こうした根源的な倫理性に政治がもとづく点を強調してきたつもりだ。本書が批判するのは、権力行使を倫理性の発露とみなし、政治責任を社会的な倫理と置き換えること、である。

それは、たとえば、政治的な選択を倫理的な評価にすり替える際に顕在化する問題である。本書の執筆開始時点では、新型コロナウイルスの蔓延対策として、各世帯に二枚の布製マスクを配布する政策が進行中であった。この政策は、費用対効果、決定過程の不明確さ、各種公的な機関への負担、そして実施の遅れなどのあらゆる点で、最悪の政策として評価されている（本書が読まれている時点で、それにどのような政治責任が取られたでしょうか）。これに対して、一部ではマスクとその関係各位に感謝しようというような、社会的な倫理やマナーの観点からそれを正当化する議論もみられる。

こうした議論は、それ自体の上品さは疑うべくもないが、少なくとも政治的ではない。もちろん、政権支持というセコい打算などないはずだという意味ではない。社会的な倫理に落とし込んで、政治的な選択の可能性に目をつむって、感謝によって政治責任を解除するという作用において、それは政治的ではないのである。

棄権の無責任

無責任な政治形態への着目は、既存の政治に関する常識を揺さぶる。

政治における無責任と聞いて、真っ先に連想されそうなのは、選挙における棄権であろう。投票権を行使しない有権者は、本節冒頭で言及したように大衆民主主義の初期段階から存在しており、世界的な潮流として増加傾向である。棄権を無責任とよぶことができるのであれば、無責任はますます増大している。とくに若年層は他と比べて一般的に投票率が低いので、もっとも無責任な年齢層と言えるかもしれない。さて、こうした広く流布している理解に対して、政治責任論がどのように答えるのか。

棄権を無責任と判断するには、いくつかのステップがありそうだ。第一に、有権者が政治それ自体の価値を認めており、参加する必要性や意義を認識しているという段階である。当該社会において、そうした認識がなければ、市民や政治家によって政治責任が取られる余地はない。そこには政治権力が不在だ。しかし、それは不幸や悪徳をただちに意味するわけではない。選挙は形式として存在するかもしれないが、それに参加しようが参加しまいが、政治責任が果たされるわけではない。

こうした状況では、棄権を無責任だと問うても無駄になる。何らかの手段で選挙への参加が強制されるような社会では、それによって有権者が取る責任は、政治責任としての性質を薄めることになる。この場合、選挙は政治責任を取るための手続きということよりも、別の理由を供給するような手続きと言えそうだ。

第二に、選挙が政治参加のひとつの手段として想定される段階がある。このとき、選挙以外の政治参加が、選挙と並立して存在する。たとえば、政治家へのロビイング、政策決定に具体的に関与するネットワークへの組み込み、各種の意見表明、デモや社会運動への参加など、政治参加の形態はさまざまある。こうした政治参加が充実している場合、必ずしも選挙での棄権が無責任を排他的に意味するとはならないだろう。政治責任は別のかたちで取られているからである。この文脈では、市民的不服従やボイコットは、悪しき(と判断する)選択への責任を取ることを拒絶して、別のかたちの政治責任を取るという戦術だとも言えよう。

投票率の低さは、当該社会での政治的関心の低さをただちにしめすわけではなく、また政治的能力の低さを意味するわけでもない。もっとも、選挙中心の現代政治において、投票率の低さはアカウンタビリティへの深刻なダメージになるのは間違いない。投票率の低さが、政治家をして、有権者の意見に耳を傾けようとする意欲を削ぎ、自らの職位に居直るための勇気を与えるかもしれないためだ。小括としてコリン・ヘイ『政治はなぜ嫌われるのか』の卓越した表現を参照すれば、「公式的な政治に参加しようとしない層を政治的無関心層と決めつけるのは、彼ら自身が政治的だとみなすオルターナティヴな政治的行為にコミットしている現状をみる限り、正しくない。かといってオルターナティヴな政治参加の形態が存在するからといって、「政治の園」が花咲いているようにはみえない」(九六～九七頁)。

第三に、選挙自体が有効な選択肢をしめしているかという内容上の段階がある。有意な候補者や選択肢がしめされており、選挙が競争的であるかがポイントとなる。それが実現していないのであれば、選挙の制度設計上の問題(社会とのズレ)や政党組織の問題などが考えられる。政治責任の観点からすれば、よい選挙制度とは、選択可能性が担保されているとともに、責任を分かち合うことを可能にするような手続きだろう。すなわち死票ができるだけ少なく、有権者個人の意思が何らかのかたちで結果に反映されるような過程である。それによって、政治権力の循環が円滑に保たれる。この場合、選挙は全権委任でもないし、勝ち負けの勝負事でもなく、権力を循環させるひとつの契機だ。

以上、棄権は無責任なのかという問いに触発されて、選挙に関する常識的な理解のずらしを試みてきた。棄権がただちに無責任でないとすると、次のような考えも派生的に出現しそうだ。ひとつには、選挙に参加したとしても無責任はありうる。政治的思考において可能性を想定せずにいることが無責任であるとすれば、そうした態度で選挙に臨むのは無責任となる。

また、たとえ現時点での選挙に選択可能性の余地が小さいとしても、「他に選択肢がない」という理由によって現状維持を選ぶこと、もしくは参加しないことは、無責任である。そうした状況で、よりましな選択を行うことが、政治責任を取る態度である。これは選挙に限らず、たとえば政権支持の理由を「他に選択肢がない」にもとめる俗流リアリズムにも当てはまる。本書の議論は棄権に対する一定の擁護にもなりうるが、それが選択の否定としてのふるまいであるのなら、それもやはり無責任とよびたい。

野党の無責任

野党に対して無責任だとする批判は、ネット言論を中心として目につくし、それに乗っかるかのように与党からも言われることもある。なぜなら、野党は実際の権力行使の苦労も知らず、あるいは知ろうとせず、そして実のある対案を用意しないで、身勝手な批判ばかり浴びせるからである。さて、こうした聞き慣れた悪口に政治責任論はどのように答えるべきか。

まず野党だが、政治的な選択肢を明示して与党を牽制することで、アカウンタビリティの健全な実現に寄与して、責任を取る政治の中核を担うのがその主要な役割だと言ってよいだろう。非民主主義的とよばれる国では、実質的な野党が存在しないという事実は、より注目されるべきだ。野党が不在であることの危険性が、いまいち社会に浸透していない印象がある。それは、政権が自分の贔屓《ひいき》かどうかとは別の水準で、政治的な知として踏まえておくべきだろう。

野党が担うような、政治における論争性の維持や論点の提示は、さしあたりは無責任ではない。むしろ、それが不在の支配体制の方が、無責任だと言えそうだ。「他に選択肢がない」を増加させて消極的な政権支持を確保するために、野党の可能性をあらゆる資源を用いて拒絶する与党側の戦略は、いわば政治責任の領野を焦土化することで現状維持が図られるようなもので、結果として無責任をますます跋扈《ばっこ》させる。

仮に、私が与党のパフォーマンスにある程度満足しているような有権者だとしよう。野党がいなくなったら、与党が私にいっそう応答的になるとはかぎらない。むしろ、対抗者がいなくなることで、有権者全体を無視する行動に向かわせるかもしれないのだ。こう考えたらどうだろうか。与党にとって、野党が強力であればあるほど、私の支持が必要となり、私の意向に近いような政策を準備しなければならなくなる。そのため、与党支持者の私がその走狗となって、あらゆる手段を用いて野党を叩くのは、与党にとっての自らの価値を下げることになる。この私の忠節は涙ぐましいが、しかしそれは与党によって裏切られるための地平を自ら開拓することになる。

そして、政治責任という観点からは、対案路線に功罪が半ばすることにも自覚的である必要がありそうだ。たしかに対案は選択肢の提示である。しかしそれが唯一の対案であるのなら、選択をめぐる窮屈さの抜本的な解決にならない。また、原案と対案が競合する際に、両者が共通する領域が規定事項になってしまうおそれがある。たとえば憲法のある条文を改正する原案があるとして、条文案についての対案が出されたとすれば、憲法改正という点では選択の余地がなくなる。すなわち、対案が出されたとしても、選択可能性の実質的な余地が削減されてしまう。そのため、対案路線は政治責任を取る行為だと必ずしも言えるわけではない。与党の健全な働きはもちろんだが、野党のそれについても、私たちは自らの政治責任で考慮しなければならない。この点は、第1章でみたように、松下圭一が戦後政治のかなり早い段階で指摘していた。

政治学者の吉田徹はその注目すべき野党論で、「野党が無責任に見えてしまう政治的な環境」としての日本政治のあり方に着目している（『「野党」論』ちくま新書、二〇一六年）。欧米では、有権者の支持政党は、その属性に応じてかなり固定的で明確に判明する。これに対して、日本では無党派層が多く、有権者の中道志向が強い。こうした状況では、与党に対する野党の反対が、見失われがちな論点提示というよりも、党利党略によるものだと思われてしまう。さらに吉田が付け加えるのは、日本は政党や政治家への不信の度合いが高いので、「こうした意地の悪い見方」が一般的になってしまうという現状だ。ついでに言ってしまえば、政治を倫理化する高尚な動機が、批判や異論を許さないという（政治にとって）無責任な状態を招いているのかもしれない。

無責任な政治家

政治家に対象を限定するとしたら、そのもっとも無責任な行動は何だろうか。人間行動一般にみられるような非常識や犯罪行為を別にして、政治家というステイタスに固有のものの中から選ぶとすれば、所属政党の一方的な変更ではないだろうか。それは政党という旗印において当該政治家を支持してきた有権者を、裏切るような行動である。政党政治が一般化した状態では、それに即した政治責任もまた一般化する。

しかし、国政レベルに議論を限定したとしても、それほど珍しいニュースではない。自民党の総裁経験者でも、別の政党に所属していた過去をもつ人物や、別の政党に移籍した人物もいる。世界史的にみても、ウィンストン・チャーチルが保守党から自由党、そして自由党から保守党に移籍したという有名な事例もある。そのため、所属政党の変更という事態が生じた際に、どのような事柄が存在する場合に無責任とみなされるかを考えた方がよさそうだ。

ひとつには、ある政党Aに属していた政治家が、日頃から政党Bに対する批判をくりかえしていたにもかかわらず、こともあろうに、その政党Bに移籍するという事例である。この場合、当該の政治家はなぜ移籍するのかを詳細に説明する責任がある。そしてその有効性を判断するのは有権者の責任である。所属政党を変更する理由が納得できるものであるかの基準は、おそらく事前に客観的なものとしては与えられない。

本件を責任問題とするのは、その基準の定式化ではない。政治的判断の対象として、有権者の権力行使をともなうからこそ、これは政治責任の問題となる。そのため、政治家の所属政党変更がただちに無責任を意味するわけではない。有効な説明ができなかったとき、そして有権者に選択の余地が与えられなかったとき、これは無責任になるのである。

またこの場合には、受け入れる側となる政党Bも、かつての政敵を受け入れる理由をしめす必要があるだろう。政党が公的機関ではないと強弁するのであれば、少なくとも政党支持者に向けた説明はあってしかるべきだ。これ以上の話は当該組織の問題ではあるが、こうした措置が取られないのであれば、非民主主義的な組織である実態を白日の下に晒すことになる。

もうひとつの事例は、一歩踏み込んで、首長などの人物本位の選挙で選ばれた政治家についてである。こうした政治家にとって、所属政党は数ある要素のうちのひとつとなるので、その変更への障害は比較的軽いと言える。そして、その分だけ、変更に関する何らかの責任を取るという意識は弱まり、支持者もそれほどもとめないと考えられる。さらに、選挙に強かったり、キャラクターが確立していたり、個人としての動員力があったり、所属政党への依存度が弱かったりする政治家は、その変更が容易である。

しかし、こうした事実が見逃してはいけないのは、支持者に対する責任が所属政党とは無関係に果たされうるということであって、有権者や国民全体に対する責任ではないという点である。政治家が私たちの代表であるのなら、その政治家個人を支持しようがしまいが、私たちに対する責任がある。所属政党の変更が投げかける問題は、政治家個人の無責任というよりも、それが可能になっている現行の選挙や政党政治の手続き的な不備という意味での無責任だろう。私たちにその変更を評価する場が与えられていない。

本節では、無責任な政治の概要を見つめ直してきた。それはたしかに嫌気のさす作業でもあった。そして政治の綱紀粛正や倫理の再構築はたしかに重要だが、政治責任はそれだけでは果たされないという実情も認めてきた。しかし、希望がなかったわけでもない。権力と責任は私たちに戻ってくるからである。この戻りをどのように利用するかが、どうやら最大のテーマになりそうだ。

3　なぜ政治責任が取られないのか

責任を取ると取らせる

責任を取らせることを目標にして、無責任の領域を渉猟、もしくは徘徊してきた。正直言って、どのような結論が待ち受けているか目論みもなしに発進したのだが、あらためて気付かされた事柄がいくつかあった。それらを確認しながら、無責任な政治への抵抗を構想したい。

責任という観点から政治を考えてみて、もっとも基礎的な発見とよべるのは、政治という営みが時間的だという当たり前の事実である。政治はこれまでの経緯を継承し、そこから条件を与えられつつ、次の時代に向けて何らかを決定し、そして新たな条件を与える。政治責任はこうした時間的な営みに参加する、いわば資格である。それは一方的な負担でもあり、便益でもある。過去から責任を引き受けて、未来に向けて責任を取ることで、政治はつづいていく。

本章では、無責任を権力行使が不十分な状態として論じてきた。無責任は選択することができず、未来の政治を導くことができない。無責任は道徳的な問題というよりも、私たちの政治をめぐる、いわば原理的な問題として考えられなければならないのである。そのため、責任を取らせることが問題となっているのであれば、それは本職の政治家だけの問題ではなくて、私たちの問題である。これが本書の基本的なスタンスとしてこれまで形成されてきた。

政治家だけの問題ではない、ということに関してもう少し言葉が必要だろう。たしかに私たちの出発地点には政治家たちによる無責任があった。政治家は失政についてはもちろん、悪事にすら責任を取ろうとせず、居直っている。責任があると認めつつ、責任を取らないようなケースも目立ってきた。第1章で検討した議論だが、辻清明は政治家に「本卦帰り」を強制するような心理的な装置を提案していた。すなわち、高度に組織化された制度に対して、どこに権力が歴史的に由来するかを象徴的にしめして、政治家に原理を再認識させるような装置である。

それは政治家に政治責任のあり方を、強制的に、自覚させる。

阻害要因とその先

だが、残念なことに、「本卦帰り」の装置が有効に機能するような楽観的な状況に、私たちがいるようには思えない。政治家の無責任はそれが想定するよりも、はるかに広範囲に根深く存在しているためである。

政治家の無責任はさまざまな理由が想定されうる。たとえば、責任を気にしないような個人の性格もありうるかもしれない。だが、そうであるなら、こうした性格の人間がずいぶんと政治世界に集住しているという印象である。そのため、こうした人間を有利に選抜する手続きに問題があるかもしれない。あるいは、無責任が現代人一般の基本的な性格であるのなら、だれを選んだとしても無責任な人間が政治家になる。この場合は、無責任は社会的な問題かもしれない。もちろん、組織や制度の問題もあるだろう。これらが責任を取らせないような編成であるならば、政治家が無責任になるのは当然である。こうした編成のもとに政治家がいるのなら、個人的な事情や心情は無責任に対してなすすべがない。

実は当初はここで、責任を取ることの阻害要因となるような関係者一同をもっと集めて、無責任な政治の犯人探しに紙幅を費やす予定だった。しかし、いくつかの理由から、土壇場でキヤンセルしたい。

なぜなら第一に、たいへん情けないが、犯人がわからなかったからである。政治家を無責任にする理由をひとつに絞り込むのは困難だ。議論をひとりの政治家に限定したとしても、ほとんどの場合では理由は混在し、相互に結びついており、何が無責任に走らせたのかは、本人すらわからないだろう。もちろん、ひとつひとつの政治事件の検証を拒絶しているわけではなく、むしろそれは緻密になされるべきであるが、現実には政治的な無責任は無数にある。それらすべてを射程に収めて決定因を一般的に探り当てるのは、小著には困難である。

それでも第二に、無責任の症例は共通しているためである。無責任は選択可能性の否定としてあらわれる。それは「しかたがなかった」や「ご迷惑をかけた」など、自己弁護や謝罪をともなうかもしれないが、政治責任を取らない。つまり、権力行使によって政治的な選択を行い、それによって新しい選択を導こうとしない。権力を依然として自らの手元に置いておく。神輿も役人も無法者も、自らの責任ある選択を認めず、そのため一向に責任を取らない。

そして第三に、無責任をもたらした犯人が何であれ、私たちがやるべきことは同じだからである。それは次に検討してみるが、おそらく私たちの対処が(けっきょく名指しできなかったが)真犯人を牽制し、ふたたび事件が発生することを多少は抑制するはずだ。つまり、別の例を重ねると、病気の原因は特定できないが、その症例と処置は比較的明瞭に知ることができる。

責任の取り方

責任が取られないのであれば、私たちが責任を取ってしまおう。これが本書が行き着いた答えである。しかし、それは言うほど簡単ではないだろうし、もう少し説明が必要だ。

政治家が無責任だったとする。それは、自らの政治責任に関して、与えられた権力を適切に行使しないような状況だ。それを不満に私たちが思うのであれば、自らの選択した責任において、権力を行使すればよい。そうすれば、無責任な権力者は権限を奪われるか、自らの責任で権力を行使せざるをえない。

先ほど、政治家の無責任は私たちの問題だと言った。しかしそれは、私たちが問題のある政治家を選んだという意味(だけ)ではない。無責任が発生しているのであれば、私たちがそれに対処する責任を投げかけられるという意味においてである。政治家を不満に思う私たちが、現実を(権力で)変えられないと発想する俗流リアリズムに染まっていないだろうか。たしかに政治家は無責任かもしれないが、私たちは自ら責任を取ることを拒絶していないだろうか。つまり、政治家は私たちを映し出す鏡である。それが無責任でいられるのは、私たちが無責任だからである。私たちが責任を取るという提案は、政治構造を根本から揺るがすような、実はかなり高度な要求である。

政治家に責任を取らせるために、私たちが責任を取るような手法は、たとえば次のようなものがあるだろう。

第一に、「しかたがない」をやめること。どんな絶望的な状況でも、その状況に甘えて、選択を考量する試みを放棄しないこと。すなわち責任のある判断を、私たちも行うべきだ。その上で、少しでもまともな理由を重ねることが責任ある政治を形成する。ある政治的選択は、その成果を期待してなされるべきではあるが、私たちにとってよりましな次の選択を導くために、なされるべきである。

第二に、特定の支持をやめること。特定の属性によって政治家や政策の支持がカウントされてしまうと、とくに岩盤支持層が存在すると、責任は取られない。なぜなら、絶対に支持や投票をしてくれる人間は、何をしても許容してくれるので、けっきょく絶対に軽んじられるからである。別の選択肢があることをちらつかせて、私たちが責任を取る準備があると誇示するだけでも、政治家はまったく違った反応をするはずだ。

少なくとも、絶対的な忠誠は民主政治においては避けるべきである。政治は倫理ではないことを思い出そう。そして投票所では、みな秘密が守られている。それは有権者の無責任な投票を許容しているのではなくて、逆に、責任を取ることをこっそり応援しているのだ。このように解釈すれば、少しは気持ちが前向きになるかもしれない。

またすでに述べた点だが、たとえ意見が異なろうと、いくつかの政治勢力を保持しておいた方が政治責任にとっては賢いだろう。それは有効な選択肢を生かしておくことで、政治責任を取る機会を確保するとともに、政治権力の一元化によって「これしかない」という論拠が無制限に支配して、政治責任を圧殺する事態を回避する。

政治学者の空井護は近著『デモクラシーの整理法』(岩波新書、二〇二〇年、二〇六～〇七頁)で、民衆に道徳的責任はあるかという問いを立てている。この場合、道徳的責任とは、自らが選んだ、もしくは自らが選んだ政策決定者が選んだ政策にしたがわなければならないという規範である。たしかに日常生活では、よほどの事情がないかぎり、自分が選んだ事柄に責任をもって添い遂げるべきかもしれない。しかし、政治の世界では、政策はその決定者を縛らない。空井の啓発的な言明を引用すれば、

政策を決定したということそれ自体に道徳的責任を感じる必要はなく、決定した政策がもたらす結果についても責任を感じないで済むのが、民主政治で主役を務める民衆《デーモス》である。良い政策とは民衆《デーモス》が望む政策であるという極端な想定に立たない限り、民主政治が非民主政治とくらべて、常に素晴らしい政策を生み出すなどと期待するほうが、どうかしているであろう。

そして第三に、私たちがそれでも選択に迷ったら、選択の余地をより拡張する選択肢を選んだらどうだろうか。たとえば、私たちの意見をより広範に吸収する制度設計や、政治家の責任を取らせるのに熱心な政党を選ぶとか、である。たしかに、これらと似たような主張を提起し、一部導入しているような人物や政党もあるが、それが本当に政治責任を取る気があるのかの見極めはいっそう重要になる。ひとつの基準は、私たちが責任を取る実質的な契機がより高められているかどうかであろう。

「ほかにまともな選択肢がないから」という無責任な理由で現状を支持・追認すると、俗流リアリズムがますます亢進して、無責任な政治が強まる。仮に与党も野党も支持できないのであれば、選好の如何にかかわらず勢力の弱い側を支援して、結果的に選択の余地を残しておいた方が、責任が取られる可能性は高まるはずだ。

責任を取る環境

私たちが責任を取るとは、対案路線の追求や、「お灸を据える」ということにとどまり得ない。自らの責任を拡張することに責任を取るような、かなり本気度の高い政治行為である。そうでもしないかぎり、政治家の無責任は解消しない。政治家は私たちにとって都合よく責任を取ってはくれない。無責任を問題にしたければ、これほどの負担が私たちに生じるのだが、はたしてその覚悟はあるだろうか。

幸か不幸か、その覚悟を自問している暇はないかもしれない。いまは、権力と責任に、私たちへの戻りがある程度は想定できるかもしれない。しかし、その戻りの量は年々少なくなってきているかもしれない。それは選挙がなくなるという意味でないことは、すでに本書の議論から明らかだろう。私たちに実質的な選択の余地がなくなるという意味である。そうならないために、選択の幅を広げるような選択をして、未来に可能性をつなげるべきではないだろうか。次の機会にはより多くが戻ってくるような選択を、いましておくこと。私たちが責任を取れば、政治家も責任を取るように、心理的にも制度的にも、なるはずだ。

責任を取る政治にとって現代日本社会は悪くない環境だ、と言ったら、皮肉か開き直りに聞こえるかもしれない。たしかに、日本は政治関連の組織への信頼度が低く、政治的有効性の感覚が低く、そして無党派層が多い。こうした特徴は、これまでの無責任な政治の産物でもあった。これは否定できない。

しかし、それらは丸ごと、私たち自らが責任を取ることを余儀なくさせるような条件でもある。政治家が信頼できず、私たちは無視されており、そして特定の支持母体に属していないので、だれにも気兼ねなく、自分で責任を取ればよいのである。それでも責任を取らないとすれば、無責任なのは私たちの方だ。

政治責任の諸注意

政治責任を取るにあたって、いくつかその特性に注意を払っておいた方がよいだろう。第一に、政治責任も責任のファミリーの一員であるかぎり、応答という形態を備えていることは忘れられてはならない。私たちの集合的な政治責任は過去から理不尽に与えられた。私たちはハムレットが亡き父王に応答するように、未来に向けて責任を取りつづけなければならない。さらに、ハムレットの復讐がいちおう成就したのち、彼の意志にもとづき別の新たな責任が、その友人や次の王に、理不尽にも、定められたという連鎖は、責任のはじまりに関して示唆的である。

第二に、政治責任はふたつの極の間で循環する。すなわち、政治権力の実際の運用を政治家に委ねて、私たちに対する責任を取らせるようなアカウンタビリティによって政治責任は制度化される。政治権力は政治家と一般市民の間で循環している。そして、権力の移動にともなって、責任のある主体が入れ替わる。「責任を取る」とは、手元にある権力を用いて何らかの選択をし、次の選択を招くということである。

政治的な無責任が意味するのは、権力者による悪事自体はもちろんだが、それに関して選択をさせない、もしくは選択をしないような状態である。これに対して、アカウンタビリティとは、私たちが選択可能な機会の確保である。

本書が期待しているアカウンタビリティのあり方は、おそらく辻清明が想定していた「本卦帰り」よりも未来志向的である。「本卦帰り」は政治権力の原初にくりかえし引き戻すような心理的な装置であり、いわば過去のある一点を追慕する試みである。これに対して、アカウンタビリティによるくりかえしは、未来に向けられている。政治権力が責任を与える私たちは、その行使の先の時点にいる。それはまだ不在かもしれない未来の私たちにとって、理不尽な供与としてすでにさんざん論じてきた責任のあり方を、権力行使の時点から見た状態である。

理不尽な責任を負うことになる主体は、権力が行使される現時点では確定できない。本職の政治家だけにかぎらず、だれが本職になるのか不明な、未来の私たち全体に責任が委ねられる。

そして、第三に、政治責任は複数性を擁護する。政治責任は選択する権力行使とともにあり、現実が複数であったこと、そしてその先の未来も複数であることを認めている。複数の中から選んでいるから、責任が発生するのである。それはまた、他の選ばれることのなかった過去に対して、自らの偶然性を認めて謙虚であることを要求する。「他に選択肢がなかった」として政治的思考を停止するのはもちろん無責任だが、それは複数性を認めていないという点で横暴な無責任とよぶべきかもしれない。現実の複数性を認めることは、他者を考慮に入れるのはもちろん、政治権力の働きに自覚的だということも意味する。そうであるならば、権力や責任のあり方に対して、私たちは悩んで当然だ。

可能性が複数あることを認める政治について、本論を逸脱して、ひとつの制度的な提案をさせていただきたい。それは、わかりにくい選挙で結構だということである。必要なのは、私たちが政治責任を取ったと自覚できる選挙制度であり、それは個別の意志をある程度集約した上でそれを結果に反映できる制度である。たとえば、好感度の低い候補を落選させたり、多数の候補者の中から複数名に自票を傾斜配分できたりするような制度である。こうした選挙は結果も手続きもわかりにくいかもしれないが、政治責任を取ることに私たちを向かわせ、何より悩ませる。だが、それはうれしい悩みのはずだ。

第5章　政治責任の未来

1　責任の自覚

未来に備える責任

政治責任とは何かを考えながら、あわよくば責任を取る政治への道筋をつけてしまおうと欲張ってきた本書も、いよいよ最後の章を残すのみとなった。本章の主題は、これまで論じてきた政治責任の位置づけである。おおまかに言えば、ふたつの方策によって、本章はその任務の完遂に努めたいと考えている。

ひとつは、学的な議論において、本書で展開された政治責任論がどのような場を占めるか、である。本節では主にこちらの切り口に関して、発展的に議論したい。もうひとつは、現代社会を舞台にして戦闘中のもろもろの責任理解に関して、本書がどのような介入を果たすか、である。もはや道具と化している政治責任自体を反省的に問いかけることで、少なくとも政治責任の理解については、何らかの意味での和解を導きたい。

すでに何度も言及してきているように、現代政治学では責任に関する分析は皆無とまでは言わないが、それほど蓄積があるわけではない。だが、その分量的に限られた分析はどれもが卓越したものであり、それらの成果を紡ぐことで本書は編成されてきた。おそらく、この先行研究の完成度の高さが、結果として政治責任をさらに論じる際の壁となって現れたという事実は無視できないだろう。

さらに言えば、責任（および無責任）のあり方が状況依存的であって、その全貌の把握が著しく困難であることも、その分析が積み重ならない原因かもしれない。政治責任を問題にしたい瞬間、あるいは問題にしなければならない瞬間はすぐに過ぎ去り、責任の問いかけは急速に時代遅れになる。しかも、責任を問題化したい瞬間は次々とやってきて、私たちは責任を論じることにいっこうに着手できず、情勢に手を拱いている。実践的な政治論として責任を定式化しにくい点は、その分析の深化に対する障害となりうる。

本書はこうした情勢に臨んで、政治責任を事前に準備する作業だと自己評価できるかもしれない。その意味で、本書の執筆意図も、過去の出来事の無責任をいかに解消するかというよりも、それを問題として踏まえた上で、未来に生じるかもしれない無責任に対応することにある。すなわち、過去を遡及的に問題化するのではなく、不測の未来に向けて備えるための議論である。

『アイデンティティ／差異』

本章が検討したいのは、現在の学的な議論における責任の理解もまた、政治責任を語る環境としてそれほど望ましいものではない、という認識だ。以下では、現代政治理論における責任の理解を簡単に確認しつつ、政治責任を体系化することとの齟齬に論及する。しかし、議論を先取りするなら、少なくとも本書でこれまで展開されてきた政治責任論は、こうした学的成果とは衝突しないと楽観視している。というか、そもそも、その延長線上で政治責任論を展開してきたのが本書である。話がややこしくなる前に、ともかく内容に入っていこう。

現代政治理論の発展をリードしつづけるウィリアム・コノリーもまた、本書の第二章で論じたように、責任と権力のつながりに注目してきた（William Connolly (1993) *The Terms of Political Discourse, Third Edition*）。権力は唯一の形式で想定されるような力のあり方ではなく、それを行使したり関係したりする人たちの立場と不可分であって、それは同時にそれぞれの責任と結びついている。ニーチェやフーコーの知見を加えて、権力と責任という関係性を根源的に捉え直した著作が、『アイデンティティ／差異』（岩波書店、一九九八年。原著初版本の出版は一九九一年）である。近代的主体にもとづく既存の政治思想を批判し、闘技民主主義によってそれを乗り越えようとする同著作は、すでに政治学分野の教科書記載事項に含まれていると言ってよいが、私たちは責任というミクロ的な観点から、その成果を再構成してみたい。

同質的で抑圧的な責任主体の批判的な解析は、『アイデンティティ／差異』の主題のひとつである。同著作では、こうした主体が近代史を通じて自由や平等などの普遍的な価値を獲得していくのと同時に、悪や他者を排除してきた論理が分析される。すなわち、政治主体としての私たちのアイデンティティが純化されるとともに、その背後では差異が顕在化し、それが憎悪と否定の対象となる。コノリーはこうした近代政治の主体に関するメカニズムを明らかにした上で、差異に対する相互の敬意に根ざした民主主義の構想を提示する。

こうした雄大な構想の一部分ではあるものの、主体の倫理的な想定とその政治的行為の基点として重要な位置を占めるのが責任である。コノリーの議論は、以下で見る通り、基本的に責任批判である。そのため、本書のような、責任を取るべきと繰り返す政治責任論にもその批判の刃が及んでしまうかもしれない。責任を論じる上で、現代政治理論における責任批判論との対峙は避けられそうにない。こうした自ら招いた強敵に対して、本節の課題は、その刃をがっちり受け止めるというよりも、本書の叙述に吸収してしまうことだ。

悪の責任

責任についての議論がもっとも整理されている、第四章「悪の責任」にまず注目してみよう。ここでのコノリーのねらいは、政治分野における責任をすべて描き出すというよりも、その特定の形式に対する批判である。それは、悪にはそれとぴったり合致する責任をもつ主体が存在する、という考え方だ。

コノリーの表現によれば、責任は「単純な普遍概念ではない」。これまでの人類史でも、責任は個人的な主体だけを所在としていたわけではない。責任はその単位（人間、神、神々、集団、個人）やそれが発生する時制（過去、現在、もしくは未来）を変化させてきたし、今後もそうなるだろう。それはまた責任の対象とよぶべき出来事や基準についても、大きな変更を経験してきた。

こうした内容上の変化はあるものの、彼の理解では、およそ人間生活の観念のすべてに責任は関係している。「たとえば、ルサンチマン・憤慨・感謝・自負心・愛といった反応的な態度も、自己と他者の責任についての何らかの前提を表現しているのである」。そのため、人間の社会生活から責任を放逐するのは、たしかに不可能だ。

だが、ここに責任の問題性も宿っている。すなわち、責任は社会慣行にとって必要不可欠ではあるものの、それに反する事柄を同時に想定しているという意味で、悪の問題が不可避的に存在することとなる。この悪と責任が結びついた形式に対する批判は、以下でみることにしよう。ここで確認しておくべきは、秩序と抑圧に関して、責任が両義的に存在しているために、責任を問題化する戦術も二面的とならざるをえない点だ。そのため、責任に関する展望は次のように定式化される。

責任の慣行を支配している独特の要求に異議を唱える一方で、両義的な善として責任を賞賛するということができるだろうか。責任の慣行を完全に放棄することなく、責任の属性に含まれている暴力性を取り除き、これを是正するために、責任の論理が置かれている言説の領域を動かすことは可能だろうか。（同上、一八四頁）

責任の両義性

さて、このように問題を定式化した上で、第四章「悪の責任」はアウグスティヌス、サルトル、チャールズ・テイラーなどの責任論を検討する。私にはこれらを分析する余裕も能力もないので、丸ごと飛び越えてしまい、コノリーの責任に対する論じ方のエッセンスのみを論じたい。

コノリーが指摘するのは、私たちの生（あるいは生活）が責任の範囲を超え出るということだ。たしかに生を秩序づけるために責任は必要である。しかし、責任とは、「存在に課される人為的な構成物であり、これに帰することで存在を汲み尽くすことはできないのだ」（同上、二一五頁）。すなわち、責任はあくまで事前に決められたルールや関係性において生じるものであって、私たちの生すべてを構成するものではない。「責任とは必要不可欠な両義性であり、現実的な制作物であり、構成された現実である」。

そのため、人間を一元的な責任主体に還元するような、責任の命令から逃れる侵犯行為をすべて病気として扱えという過激な、しかし確実に私たちの責任感覚に浸透している主張は、「二重の意味で残酷」となる。なぜなら、一方で、責任という人為的な基準にもとづき、責任主体の外側を欠陥として扱うからである。そして他方で、その残余のカテゴリーに汚れたものをすべて押し込むことで、責任の純粋さや完全さを救い出そうとするからである。責任は人為的な制作物であるにもかかわらず、あるいはそれゆえ、排除するべき対象を生み出し、自らを倫理的に浄化する機制として利用するのである。

責任の両義性を維持しながら責任主体への一元化を回避しつづけるために、コノリーがもとめる方向性は、責任を政治化することである。それは、確立している責任主体に対して、別のより純粋で真理に近い責任の基準を提起して取り替えることではない。それは、「自分自身への敬意をもった視点には言うべき声を与えるが、ただ強力なアイデンティティをもとめる声が、他者のアイデンティティを承認し責任を分配する条件をすべて決定することがないように、その範囲を制限しようと努める」。このように、責任の政治化といういささかわかりにくい表現が意味するのは、責任内容の確定や責任主体の同定ではなくて、責任をつねに公共的な決定の対象としつづけることである。

いまや責任の意味内容が逆転している。責任は、あらゆる排除の正当な根源となるような、一元的に確定されたものではない。むしろ、それを疑い、確定しないことが私たちの責任となる。コノリーに言わせれば、こうした逆転した責任もまた制作物であって、私たちの関係を基礎付けている。

第四章「悪の責任」がしめした責任の構図を整理しよう。私たちは「苦難が究極的にはそれに見合った責任にもとづいているような世界」をもとめる傾向にある。だが、世界がこうした期待を裏切る場合（もはやそれは非日常ではない）、ルサンチマン（恨み）が蓄積されていく。そのため、ルサンチマンの対象となるような、悪を担い、責任を負うべき主体を探し出そうとする。たしかに責任は生にとって必要だが、ルサンチマンによって人間社会における責任が肥大化して、私たちの生のあり方を圧迫する。そのため、責任に関する緊張を緩めるような、その抑圧や限定を問題化する政治への、責任の移管が必要だ。

後期近代の政治

コノリーによれば、責任を政治化するとは、従来の責任の論理に内包された残酷さを特定し、その源泉を公共的に疑問視することである。こうした責任主体のあり方が、私たちのアイデンティティと密接につながっているという点で、それは『アイデンティティ／差異』での政治分析の対象となる。

彼が目指しているのは、責任やアイデンティティの除去（それは別のかたちでの一元化の遂行だ）

ではなく、あくまでこれらの政治化である。それでは、コノリーが近代政治をどのようなものとして想定しているか、責任の所在を意識しながら、確認してみよう。

コノリーが後期近代とよぶ時代にある、私たちの現代生活には、三つの性格がある。第一に、自らの生活と運命が、世界史的、国家的、そして地方行政的な力に依存している。第二に、予想される未来に対して、多くの人びとが信頼を失いつつある。そして第三に、未来の可能性はいっそう不吉で、それが現在の生活に影を落としている。こうした三つの性格が私たちの現代生活を決定的に規定している(同上、三六頁)。

後期近代に暮らす私たちのアイデンティティは、「自己責任や自己規律や自由についての歴史的に受け入れられた基準と結びついている」。平たく言えば、私たちは自らの生活全般に責任があると規定されている。そして、こうした責任の基準は、いっそう高度になり広範に組織化されて、正常性や適格性をもしめすものに流用される。責任の基準に自らの人生をプログラム化するのに失敗した場合、あらゆる否定的なカテゴリーに属するものとして定義されてしまう。

後期近代における「プロジェクトとしての人生」は、「まず集中的な自己組織化を要求し、その上で依存的な不確実性(より洗練された一連の制度的基準や規律への依存、確立された依存ルールの時間的安定性についての不確実性)をもたらす」。個人の生活があまりに脆弱で偶然的だと気づいたとき、それに対するルサンチマンが発生しうる。典型的には、自分はプロジェクトとしての人生を完遂しようと努力しているにもかかわらず、それを放棄しているかのように映る他者に対する敵意として、ルサンチマンが亢進する。

責任の精緻な主体化という後期近代の特性は、政治組織の側面からも語られる。後期近代では、世界大のシステム的な相互依存の網が緊密になりつづけているものの、そうしたシステムを支配するのに足るだけの政治的実体が存在しないような時代である。つまり、政治権力をめぐる要求と実質が不均等になっている。この不均等は、私たちの現代生活の三つの性格として表出していると言ってよい。環境問題や格差問題は現状の政治的実体では手に余る問題なのはもはや自明であり、またこうした不幸な例のひとつとしてパンデミックを新たに数えることも、いまや許されるだろう。コノリーの陳述を参照するなら、

　こうした状況下で、主権的ないし自律的な実体としての国家、すなわち「外交関係」に入るものとしての、あるいは(民主的な理念の枠組の中で)集合的運命をコントロールするだけの効率性を持つ、民主主義的にアカウンタビリティのある政治的実体としての国家という古典近代的な概念は、次第に時代錯誤的で危険なものとなりつつある、と私は思う。(同上、四二頁)

そして、後期近代国家がその統治能力が不十分であるために、それは規律強化にいっそう活路を見出すようになる。すなわち、「後期近代国家は、最も脆弱な集団に対して、世界システムによる圧力を国内的な規律命令という形で伝達する媒体に、次第になりつつあるのである」。『アイデンティティ/差異』は三〇年近く前に書かれた著作なので、私たちは「プロジェクトとしての人生」のいっそうの重荷を、公権力を通じて背負い込んでいると言えるかもしれない。

政治の存在意義

後期近代では、「生の偶然性や物の脆弱性」がしだいに鮮明となるにもかかわらず、政治権力はこれに対応していない。このとき、「政治はますます将来志向でなくなり、現在の要求にもっと凝り固まる」(同上、四四〜四五頁)。政治は即応力の強化によって不安定な情勢に挑もうとするが、それがかえって将来への不安を増幅させ、政治権力への信頼を失わせる。

こうした情勢で、政治は「苦しんでいる人びとの要求にはより無関心になり、無視できないほど苦しんでいる人びとをもっと規律化しようとする」。しかしこの方策は、責任(およびルサンチマン)を苦しんでいる人びとに押し付けるだけでなく、社会全般に共通の使命として、個人の責任をさらに強化することになるだろう。偶然性を支配しようとする後期近代の政治意識が、さらにより大きな偶然性を生み出すという構図である。

そこでコノリーは現代政治学に、「一般化されたルサンチマンをやわらげ、歴史的な偶然性に応えるべく努めるべき」と期待する。だが、それは個人や共同体を、国家権力に対する抵抗拠点やルサンチマン解消の受け皿として定式化することではない。

必要なのは二つの戦線において、ルサンチマンを鎮めることだ。第一に、多様性を現代生活から排除しようとする不正義に対する戦線であり、これは自由の擁護を主軸とした、王道とよぶべき政治学的な営みである。これに対して、コノリーが徐々に強調するようになったと自認するのが、第二の、アイデンティティ、責任、および他者性についての独断論を強化するような、一元的なルサンチマンの様態を批判するという戦線である。

やや比喩的な言い方を許していただくなら、第一の戦線は排除に対する防衛であり、第二の戦線はそうした排除する機制を内部崩壊に導くような反撃の模索である。第一の戦線のみで受け身の戦いを強いられていると、責任追及の重さの積み増しは当面防ぐことができるかもしれないが、いずれ耐えられなくなってしまうかもしれない。そのために、後期近代における国家権力のみならず、それを構成する、規範化された自己と、その正常性の基準にもたらされる他者性が批判的に解析されなければならないのである。

さて、『アイデンティティ／差異』の現代政治社会における責任の叙述があまりに秀逸なので、その論旨を長々と追うことになってしまった。実は自己責任に関する新たな議論の鉱脈が、この先で私たちを待ち受けているのだが、その検討は次節に委ねたい。ここで本書のこれまでの蓄積を挿入してみて、あらためて政治責任の論じ方を考えてみたい。

政治責任批判

正直に言って、コノリーによる責任主体に対する解析に代表されるような、後期近代における責任批判論と、本書の提案は相性がよさそうには見えない。これまで本書では、政治分野で責任が取られない現状にルサンチマンを募らせ、それを煽るようなかたちで、私たちが責任を奪取する展望を模索してきた。これは、あたかも、責任主体の立場に固執し、責任のあり方を一元的に確定して、無責任を断罪しているかのように聞こえる。

コノリーもまた、次のような警句を発している。「責任の観念をいっそう完全に機能するよう再構成するという試みは、もしかして問題の一部をなしているかもしれないと疑ってみる必要がある」(同上、一八一頁)。本書はこの嫌疑の対象なのだろうか。本節の残りの叙述は、自らの潔白を証明するためのものとなるはずだ。

コノリーの鋭敏な責任批判は、これまで政治責任を考えてきた私たちに対する応援と解することができるのではないか。こうしたやや都合の良すぎるような解釈に、根拠がないわけではない。

たしかに、厳密な責任追及をもとめる後期近代の環境が、本書の議論の背景だということは認めるべきだろう。その出自は疑うべくはない。そして責任が果たす秩序化の役割、すなわち責任論が民主主義を安定的に構成するための論理であるということは、ほぼすべての同時代的な政治論とともに、本書も前提としている。

その意味で、自由で平等な個人をベースとした近代政治思想の勢力圏から、本書も抜け出せていない。そして、いっそうの責任をもとめる点で、本書は過剰な近代主義の実現を要求しているようにも見える。たとえ民主化の進展を旗印にしても、責任追及の度合いを高める点で、本書は責任を私たち政治主体に押し付ける。

しかし、本書が声を大にして主張したいのは、政治責任の特殊性、とりわけ個人的な責任との区別である。政治責任は集合的で、身代わり可能で、政治権力の行使に参加する資格として理解されるべきである。たしかに個人として権力行使の一端を担う責任者はいるものの、それは個人的な責任というよりも、政治責任の個人的な関与として想定される。政治責任は、あくまで政治権力およびその行使に関連する責任である。それは社会規範的な責任とは、少なくとも一義的には分けられるし、ましてや個人的な罪と同じではない。

政治と倫理の区別という点で、政治責任は、後期近代が推し進めてきた悪の責任の亢進という作用に抵抗する。すなわち、無責任に対するルサンチマンの産物という疑いが濃厚で、その自覚も多少はあるにもかかわらず、ルサンチマンの次元からの離脱をもとめるのが政治責任である。それは倫理的な観点を自らの胸の中で消化して、あくまで私たちの民主主義の実現という観点から、責任追及を行う。たしかに、無責任な政治家を個人的に断罪したくなる気持ちはある。しかし、それを公共的な文脈に置き直して、政治責任の持続を導くことが、政治的思考の課題である。

そのため、政治的な事柄を個人的な倫理や規律化に還元し、ルサンチマンを高めるような、後期近代の責任の論理に対して、本書も、コノリーと口を揃えて反対する。責任の実質としての、選択可能性を奪うような方向性での責任の亢進に警戒する。そして同時に、秩序と抑圧に関する責任の両義性を維持するような、責任との付き合い方を本書ももとめている。責任を政治化するという戦術は、私たちの政治責任の実現という課題と並行して遂行される。政治の選択可能性を拡張するとともに、社会規範的な責任を弛緩させるような、責任の政治分野での引き受けを、政治責任は模索している。

他者と責任

政治責任を論じてきた本書に特徴があるとすれば、政治責任の追及が何に突き動かされたかについては、さほど関心がないということかもしれない。たとえそれが後期近代を彩るルサンチマンの産物であったとしても、それ自体を直接的に問題化する意図はない。むしろ注目してきたのは、政治責任の形式であった。そのため、政治責任追及の試み自体の道義的な評価は野放しであり、まずは政治責任を取ることが民主主義の構成に重要だと論じてきた。政治責任を、社会倫理的なものではなくて、政治的なものと理解するならば、こうしたスタンスが導かれるのはたぶん当然だ。

とはいえ、政治責任に倫理的な効果もあることを、否定しているわけではない。それは、他者および自己への応答として定式化される責任の作用である。

政治責任は、他者への応答を積極的に行う。なぜなら、他者こそ、外側から私たちに責任を授ける存在だからだ。他者は新たなはじまりを、理不尽にも私たちに授ける。他者の境遇に関する責任があるのは、他者自身ではなく、私たちの政治権力の方だ。

政治責任が他者への応答を必然的に含むのであれば、それは権力の側にいる自己に対する応答も含むことになるだろう。権力主体および責任主体としての自己をどのように描くのかは、まさに自らの責任である。それは、他者への応答に触発された自己の反省的な契機を含むはずだ。自らの責任を自覚し、主体性に目覚めていくことは、自身の選択可能性に向き合うことになる。それは既存の責任や自己のあり方を解体することになるかもしれない。

こうして、政治責任は二重化した応答の戦略として考えることができる。それは内と外、自己と他者、あるいは過去と未来に対する、選択可能性の承認である。責任を取ることは、私たちの同一性を形成していくとともに、結果を予測し得ない選択を呼び込むことで、その同一性を完成させない。

無責任な現状に生きる私たちにとってやや言い訳がましく聞こえるかもしれないが、政治責任は完済されることなく、むしろ継承されていく性質をもつ。この終わりのない性質は、たしかに政治責任の理解をめぐる衝突の一因である。しかし、それは責任を取ることを否定しない。それどころか、責任が取られ続けることを要求するような性質である。どのようなかたちで政治責任を取り上げるにせよ、その持続的で、選択的な性格は考慮されるべきである。

2　あらためて自己責任を考える

政治責任の行方

自ら政治責任を取ってしまおうと提案する本書は、世界をこれまで席巻してきた、自己責任論の一種なのではないか。自らの境遇を自らの責任において甘受し、それ相応の責任を取るべきというような主張と、政治責任は共鳴しているのではないか。そして、悪い政治家を選んでしまったら、その選出に一票を投じた人はもちろん、それを許すような社会や制度を醸成してきた私たちの自己責任ではないだろうか。このように、思わず口に出てしまいそうな政治に関する自己責任のあり方について、本節でもう少し丁寧に解析してみたい。

本節の課題は、政治責任を自己責任論から区別することで、その特徴を際立たせることにある。はじめに前節で先送りした課題である、ウィリアム・コノリーの政治理論における自己責任のあり方を考察する。それを受けて、ヤシャ・モンクを中心とした、ごく最近の自己責任に関する政治分析を参照する。そしてこれらの知見を踏まえた上で、本書が自己責任論の片棒を担いでいるのではないかという疑惑に関して、自らの口から説明したいと考えている――説明責任を果たしたいと考えている。

自己責任とルサンチマン

『アイデンティティ／差異』をふたたび紐解くことにしよう。主体は自らの生に過剰な責任を負わされており、同様の境遇からの逸脱に対しては、それを道徳的な悪と認識し、ルサンチマンを募らせるような存在であった。このとき、正常な責任主体は自己責任を引き受ける主体と、事実上同一である。

コノリーによれば、「自己責任を負う統合された主体として構成された自己は、その自己の編成そのもののうちにルサンチマンを宿している」（同上、一四四頁）。わかりやすく言い換えると、自己は、自己責任とルサンチマンを同時に抱いている。これらは悪に対する倫理的な感情によってつながっている。

悪と責任を等価にしようとする人間の根源に触れる要求は、自己責任（およびその背後に控えるルサンチマン）の主体化をおしすすめてきた。それは科学化と脱宗教化という近代史の重要な一部であり、私たちは多くの事柄を自らの責任のもとに回収してきた。

こうした運動は、いったん悪を措定したら、自らの責任においてそれを自動的に攻撃するように、自活的に拡張する。自己責任が自然化するとともに、人びとの間にある公共的な問題は、自己の内的な問題に細分化される。あらゆる選択が自己選択となり、その結果が思わしくなければ、その責任は自らの能力の欠如や準備不足などの個人的なものに帰せられる。

問われるべきは、その自己による責任の引き受けがほんとうに可能か、ではない。それは現代において重要な分析ではあるものの、政治理論研究がまず担当すべき課題には思われない。むしろ、自己増殖しつづける自己責任の論理に、どのようにして歯止めをかけることができるか、である。コノリーが期待するのは、責任に対する両義的な政治のアプローチだ。それは規範的な秩序を維持しながらも、アイデンティティと差異の相互依存および相互対立を認める政治である。

こうした政治認識を引き受ける本書の政治責任論が、自己責任とルサンチマンの不幸な協働という後期近代の基礎的な文法にどのように対応するかを、簡単にまとめておきたい。政治責任は、悪の責任という考えに依拠しない。倫理的な価値判断には踏み込まず、あくまで政治権力の循環の実現という点から、政治責任が要請される。責任者個人のレベルでは権力剝奪までしか政治責任は問わず、私たちのルサンチマンを高めるかもしれないが、それは政治責任の管轄する問題ではない。そのルサンチマンは、円滑な政治責任の運用という公的な次元の課題に置き換えていくのであれば、その意義はある。コノリーは、アイデンティティをめぐる結晶化と暴露という両義性の政治を提案していた。このような、私たちを批判的に構成する政治の遂行、それに関する責任が政治責任である。

この意味で、政治責任は、自己責任を強めるような風潮とはむしろ衝突するかもしれない。この予感を確実にするためにも、別の政治分析を参照してみたい。

自己責任の時代に

近年流行している政治学のスタイルと言えそうだが、現実政治に対する思想解釈と実証分析の両面を高度に兼ね揃えた研究の主導者のひとりとして、ヤシャ・モンクの名を挙げることができよう。詳しい経歴などは、すでにいくつか出版されている各邦訳書の解説をご確認いただきたい。ここでは、前置きなくその内容の検討に入りたい。　私たちが取り上げるのは『自己責任の時代』（みすず書房、原著の出版は二〇一七年）である。

同著は、そのタイトルがしめす通り、自己責任が支配的になった現代社会の分析である。それはアメリカを中心とした、具体的な公共政策からかなり抽象度の高い現代哲学にかけての、広範な生活領域における自己責任論の精緻な検討である。枝葉の議論がたいへん含蓄深く、同著の豊穣さを物語るものの、それらについては直接あたっていただくとして、ここでは思い切って伐採してしまおう。以下では政治責任に関連する議論のみを抽出するという、とても味気のない読み方となってしまうのを、あらかじめご容赦いただきたい。

モンクが標的とする自己責任は、およそ私たちが理解するそれと等しい。いまや運動のスローガンや卒業式の式辞、そして自己啓発書で愛用されている表現が、自己責任である。それは、あらゆる発奮材料の根幹を修辞的に支配するのみならず、「この半世紀間の哲学論争を牛耳り、私たちの道徳的想像力を縛りあげ、ついには私たちの福祉国家の性質を塗り替えてきたのである」（同上、二頁）。

以下では、このやや大げさにも聞こえる自己責任の全面的な支配体制について、ごく簡単に確認することで、政治責任論に話をつなげていきたい。結論を先に言ってしまうと、自己責任の支配は、たんに自己の失敗を自ら引き受けよというモットーが大勢を占めたということだけを意味するのではない。だからこそ、ここまで仰々しくその支配が喧伝されるのである。

懲罰的責任像

いまや責任は、個人が自立すべしという要請とほぼ同義である。しかし、二〇世紀のある時期までは、責任は同胞市民に対して援助すべしという要請として語られていた。すなわち、かつて責任は人助けの義務であったが、こんにちではきわめて懲罰的なものとして理解されている。福祉が提供されるにせよ、それは善良で、「責任ある」行動をとっていたかが前提条件となる。私たちは自らの責任において、自らを規律化しなければならない。

そして、その報いもまた過大である。人がある帰結に責任を負うのは、それにある程度関与するからである。それは負債に対する自己の引き受けというだけではない。成果についても、当人の責任の名において、その総取りが積極的に認められる。自己責任が共通のルールとなり、帰結の責任を個人が引き受ける状況では、その成果と負債は、当人の実際の関与や他の諸要因を無視して、過剰に評価されることになる。こうした傾向は、現代社会ではもはやスキャンダルとはよばれないだろう。

ネオリベラリズムの台頭およびそれに陸続する左翼陣営の「現実化」によって、自己責任論が社会で支配的となっていく様を、モンクも周到に描写する。こうしたよく知られた世界史的な展開に対する認識を、彼は基本的に踏襲しているし、私たちもまた、とくに口を挟む余地はない。自己責任論は、福祉国家体制の再編を目的とした政治勢力の権力掌握、グローバル経済の深化、あるいは個人をベースにした競争社会とその価値観の確立などによって、世界史に着実に根を下ろしていった。責任がその意味内容を変えたのは、それほど昔のことではない。

モンクが指摘するのは、現代の福祉制度が私たちに生活上のリスクを判断するように要求するにもかかわらず、長期的な計画を許すだけの予見可能性を与えないという、ある意味で矛盾した、酷薄さである(同上、九六頁)。福祉国家体制の再編によって、たしかに私たちは人生上の新たな選択肢を得たかもしれないが、「高リスクの賭けに事実上参加せざるをえなくなってしまった」。彼が挙げる例を用いれば、私たちは金融商品の購入や高等教育の享受において、かなり危険な賭けに出る。それは自己責任によって追い立てられているのである。さらに言えば、このリスクの高い(そしてあらかじめ資源をもつ者が圧倒的に有利な)勝負ですら、競争自体は公平だとして、形式的には平等だと言われかねないような時代に、私たちはいる。

責任否定論

自己責任論の猛威に関してモンクが体系的に提供する、その全般的な支配を強調する見解は、あまりに悲観的に聞こえるかもしれない。なぜなら、自己責任の行き過ぎにはしばしば何かしらのブレーキがかけられ、福祉の再編はときおり社会的課題として再浮上するからである。右でしめしたような、格差の固定化と拡大を招く、自己責任にもとづく評価の単純な形式は、その効力は失っていないかもしれないが、それを積極的に支持するという声はもはやそれほどはっきり発話されるわけではない。そして、高等教育を享受するための天からの蜘蛛の糸は、ある程度は垂れ下がっており、底辺から這い出るための希望の光は消えてはいない（もっとも、糸を摑むための別の自己責任が要請され、自己責任の全般的な支配をいっそう強めるような措置にも思われるが）。

自己責任論の跋扈を抑制し、懲罰的な責任像の拡大を押しとどめてきたのが、責任否定論とよばれる思潮である。ただし、『自己責任の時代』の要点は、あからさまに自己責任を推進する懲罰的な責任像のみならず、それを批判してきた責任否定論が自己責任の定着に逆説的に寄与した点を見出すことにある。この表面的な対立関係の背後にある協働に注目するために、さしあたり責任否定論の内容を簡単に確認しておこう。

責任否定論は、構造的変化と意図的な政治的決定こそが不平等を拡大させているのであり、それは個々人の選択の積み重ねのせいではないとする。モンクが用いる事例を参照するなら、懲罰的責任像が高校中退者個人を批判するのに対して、責任否定論は教育制度が最貧層に低劣な教育しか提供してこなかった点を問題視する。後者は、個人的な責任に現代社会の諸課題を還元してしまうのではなく、よりマクロな社会、経済、そして政治の問題としてこれらを理解するように説く。

おそらく、現代社会で良識を誇る立場の人たちにとって、責任否定論に肩入れすることは自明であろう。それはたんなる人間に対する信頼や社会的な意識の高さを反映するというだけでなく、それと懲罰的責任像との区別が知性の分かれ目と言っても、もはや過言ではない。そうであるならば、懲罰的責任像と同一視されるだろう、自己責任論の野蛮さについて、警鐘を高々と鳴らすとともにひそかに嘲笑を浴びせれば、事は済むかもしれない。懲罰的責任像を根絶するまでには至らないかもしれないが、少なくとも知的なヘゲモニーを奪われるという事態は目下想定しにくい。

責任の枠組み

『自己責任の時代』の白眉は、この責任否定論にすら、自己責任の社会的な定着の一因を見出す点である。

たしかに懲罰的責任像と責任否定論は、適切な帰責条件に関して、正反対の立場のように思われる。しかしその水面下では、とりわけ責任の規範的重要性に関して、いくつかの合意点が存在している。両派がひそかに合意を交わしているのは、「ある人の取り分が他の同胞市民よりも少ないこと、あるいは現に援助を要する状況にあることに関しては、当人が自ら招いたことかどうかによって、当人がどの程度補償を正当に要求できるのかが決まる」(同上、一九頁)という点である。

すなわち、両派は「責任の枠組み」を共有している。それは、ある帰結が生じたことを当人の責任と結びつける。責任が自己責任と想定されるという前提条件のもとで、公的援助が供給される範囲の問題として、両派が争っている。これは程度の問題である。モンクの議論からやや脱線すると、責任否定論が声の大きさで劣勢にみえるのは、当人の行動が責任の根拠だという枠組みの大前提との整合性について、懲罰的責任像ほど直截な、もしくは野蛮な構図をしめすことができていないためかもしれない。責任否定論は、個人と責任が結ばれるという前提条件のもとで、いかに個人ではなく、構造や環境により責任があるかを余計に説明しなければならない。

自己責任が支配する世界を承認する、責任の枠組みによって、次のような責任感覚が発生しているとモンクは論じる。まず、無責任な行動を取った(と想定される)人たちを支援すべき理由が、簡単に忘れ去られる。それは宗教的信念、経済合理性、プライド、公衆衛生、同胞愛などさまざま考えられるものの、すべてが責任の枠組みに還元されることで、人間関係の豊かさが失われる。それは第二に、責任に訴えることが難しい価値、たとえば同性愛者の権利や平等な社会で暮らしたい願望などを、責任問題に変換するか、それとも無視するかといういずれも強引な対応をもたらす。第三に、責任の枠組みは困難にある人びとの主体性を見えにくくする。「〔貧しい人びとを恒常的な被害者に仕立てあげる〕この姿勢が善意に由来することは疑いえないが、結局、不利な状況にある人びとを軽視し、無力化してしまっている」(同上、二一一頁)。いまや責任は、社会問題に対する思考法や他者を評価する基準として、意識しようとしまいと、私たちの行動の指針となっている。

現代の政治的思考を広く規定するような、責任の枠組みをもっとも明確に体現する政治家が、バラク・オバマであろう。彼は貧困やその構造的な要因を無視したわけではない。むしろそれに取り組み、不利な状況に置かれた者たちを積極的に鼓舞しつつ、同時に「自分の運命への責任」を負わせようとした。モンクが明示しなかった点をお節介にも付け加えると、自らの運命に打ち勝って自己責任を達成しつづけた同時代人の典型が、オバマである。稀有な例外としてオバマは自らを生きた教訓にし、それに対する感動や同情とは別の次元で、社会全般に対する自己責任をいっそう逃れがたいものとして、その存在が称揚することになる。

自己責任が枠組みとして定着した情勢では、成功者はその言動にかかわらず、ますますその効力を確かなものにする。問題は、自己責任に関する合意点の手前にあるはずの、責任そのものの理解にありそうだ。

肯定的な責任像

モンクの秀逸なまとめを引用すれば、

〔懲罰的責任像と責任否定論は〕立場を異にしつつも、国家の市民に対する責任の内容を決めるのは、資本主義下の民主主義における平等と連帯の正当な役割というより大きな課題ではなく、だれが何に責任を負うかについての経験的・概念的な論争だ、という点では、見解を一致させているのである。(同上、一五頁)

こうした自己責任の全般的な支配体制に対抗して、彼が提起するのが「肯定的な責任像」である。まず彼が着手するのは、人びとに責任があり、それを取ることで責任主体として存在していることの承認である。つまり、懲罰的責任像とまさに同じく、自分に対する責任は尊重される。

その上で、他者への責任を果たすことも同様に尊重する。すなわち、自己の外側にはみ出すような事柄、たとえば育児、ケア、ビジネス、創作活動などに対する責任もまた、現代生活での重要な責任として認められる。そして、責任を重んじることの意義は、他者を責任ある存在として、すなわち自らと対等な社会成員として認めることである。つまり、モンクが描き出す肯定的責任像は、私たちの責任の範囲を拡張し、なおかつ他者の責任も認めるような、生のあり方全体に関わる認識的な変化を提案する。

彼によれば、肯定的責任像は福祉国家の制度設計に変化を与える。すなわち、責任が生き方全般に関わるため、福祉国家の正当化を「前政治的」(前制度的)なものから「政治的」(制度的)なものに転換することになる(同上、二三頁)。福祉政策は所与の責任のあり方に準拠して褒美や懲罰を与えるのではなく、それが提供する生き方自体が責任を実現する、という意味だ。「相応の報い」は、あらかじめ確定してはいない。ある帰結への責任は、それと関係する制度やそれに読み込まれる期待によって変化する。

ようやく本書との接点が見えてきたようだが、肯定的責任像の抽出にもう少しだけ時間をかけておこう。肯定的な責任観を端的にまとめるなら、「個人が遂行し、社会が促進すべきものとしての責任のとらえ方」であり、そのためには責任理解を広げる必要がある。自己への責任は、自らの生計に限定されるものではなく、生活に対する真の主体性の感覚をもつことを意味する。

肯定的な責任観はまた、他者への責任を人間的な価値の重要な性質として認める。そして責任が他者と有意義な関係を築き、平等主義的な社会形成の基盤となるためには、他者を責任ある存在とする想定を含まなければならない。

このように、これまで人間関係を断ち切るように構成されてきた責任は、まさにそれをつなぐ試みへと転換される。責任は私たちの主体性の基礎であり、それを実現するものとして公共政策は構想されなければならない。こうした肯定的な責任の基準は、政治制度の編成とともにある。

肯定的な政治責任

モンク『自己責任の時代』の議論をそのまま政治責任に引き移すのは、蛮勇が過ぎるかもしれない。なぜなら、同著の射程は社会全体に渡る責任のあり方であって、またそれを個人レベルでいかに取るかを志向しているからである。すなわち、その射程と主体の想定という点で、政治責任論とはかなりの食い違いをみせている。この辺りの相違を考えることをきっかけに、政治責任が自己責任論とどのような接点をもつのかを整理しよう。

ひとつたしかなのは、政治制度の働きに責任の実態をみるという提案で、モンクと私たちの政治責任論が合流しているという点である。ただし、モンクの場合、自己の責任をより拡張的に理解し、その実現という文脈で制度設計に至る。そのため政治制度と言いつつも、それは公共的な制度全般を意味しており、『自己責任の時代』では「社会制度」とほとんど互換的に使用されている。

それに対して、私たちの政治責任の理解はあくまで集合的で、制度はそれを状況ごとに映し出すような役割を果たしている。とはいえ、こうした相違は責任をめぐる解釈の対立ではない。責任を再構築する旅路の出発点は異にしつつ、そのたどり着いた答えのひとつを共有できた点は、モンクと同様に、自己責任論との種別化を意識してきた私たちにとって朗報である。

モンクの表現を用いれば、責任は前制度的なものではなく、制度的なものだ。責任は相応の報いが事前に想定されたモノではなく、組織化されたルールや社会関係が織りなすコトであり、人間による何らかの応答への期待が込められている。日本語環境でも、この間に発表された有力な責任論は、関係性の実践的な構築として責任を提唱してきた(たとえば瀧川裕英『責任の意味と制度』勁草書房、二〇〇三年、小坂井敏晶『増補　責任という虚構』ちくま学芸文庫、二〇二〇年)。本書もまた、責任全般を語ることはあきらかに不可能だが、少なくとも政治責任の構築性に光をあててきたつもりだ。そして、そこに私たちが政治責任を取る可能性を見出してきた。

私たちは、政治責任を未来に関する選択可能性の提示として理解したらどうかと提案してきた。これに対して、自己責任は個人による過去の補塡としての側面が強い。モンクも、肯定的な責任像の重要な一角を占める自己への責任と、個人が責任を無限に負担するような自己責任との相違を意識しつつ、この点に言及している。「自己への責任を果たせることの価値の大部分は、その能力があれば一定の妥当な範囲で自分の未来を形成できるだろうと確信できる、という事実にも支えられている」(同上、一五七頁)。

私たちが責任を引き受けるのは、それによって自らの未来に関与するためである。逆に言えば、自己責任論では、未来は自分の与り知らない外部によって制御されており、過去の償いが議論の主要な対象となる。つまり、自己責任には、未来に向けた応答および選択可能性が決定的に欠けている。

政治責任が自己責任論とのちがいとして主張できるのは、集合的な責任のあり方において、公共的な物事に関する関心をもとにしており、そして未来を志向しているという性質だ。それはたしかにひとりひとりの活動を想定しているものの、それは責任の終着点ではなく、むしろその出発点である。これは混同されてはならない。

3　民主主義の責任

責任政治と私たち

政治責任とは何かを考えてきた本書も、いよいよ最後の節を迎える。これまでの考察を振り返ると、政治責任に関してわかったこともあれば、わからないままここまで至ってしまったこともある。本節の主題は、わかったことを整理するとともに、わからなかったことの決着をつけることである。そして、そのわからなさが、実は政治責任のかなり顕著な特徴ではないかと論じるつもりだ。

これまで本書では、責任を取る政治についてそれなりに言を費やしてきたが、その展開に既視感を覚えた方もいるだろう。ありていに言ってしまえば、それは民主主義とよく似ているから、である。それは誤解ではない。私たちに責任があり、責任を取るような政治形態は、すでに私たちがよく承知している民主主義ではないだろうか。政治責任を考える本書の軌跡は、民主主義とは何かをあらためて考え直すようなものであったと、ここで白状してもいいだろう。それは政治責任という切り口において、民主主義を再構成するような、より大きな課題につながっている。

逆に言えば、政治責任に悩み、誇りを抱き、拘るような政治は、民主主義においてほかにはない。本書に出てきた例を参照するなら、たしかにナポレオン・ボナパルトには国家を統治する責任があったかもしれない。こうした政治指導者たちの責任は、おそらく有史以来存在し、政治史の重要な論点でありつづけた。そして現在語られる政治責任にも、このような歴史意識が流れ込んでいる点を本書は否定するつもりはないし、それが間違いだとして問題視するつもりもとくにない。ただし、政治責任は、こうした広義の統治に関する責任に比べて、範囲や形式においてかなり限定的だと言えるだろう。その内容については、以下でより詳細に検討することにしたい。

脱政治化する時代に

第一章では、日本の戦後政治の言説において、政治責任がどのように構成されてきたかを簡単に確認した。それは、政治責任を民主主義の原理に埋め込み、政党政治の不正に対する批判の論拠とし、そして個別の政治不信を律する道具にするような概念史的な展開であった。たしかに政治責任は気軽に持ち出せるような、政治に対する解釈のかなり単純化された視角として受容されてきた。それはあたかも、あらゆる装置が小型化され、個人化されてきた産業史と併走しているかのようだ。本書の意図は、あらためて原理と結びつくような政治責任の道筋をあきらかにすることにあった。

とはいえ、責任が個別化する情勢を全否定するような、ラディカルな責任否定を本書が画策しているわけではない。私たち個人がそれぞれ抱く不正の感覚を出発点としながら、それを自己責任へとつづく行路に落とし込んでしまうのではなく、よりマクロな政治責任の構築と接続するような流れを描いてきた。

脱政治化する社会的な傾向は、広く言えば、本書で登場したほぼすべての政治学者が問題化したテーマであり、本書もそれなりに格闘してきたつもりだ。それはいくつかの症例とともに現れる。これまで政治が決定するとされてきた事柄を、市場や行政や専門知に委ねるような変化はそのひとつである。社会が複雑化し、知の拡散と深化が不可避的である情勢で、できるだけ政治領域をスリム化するという目標は当然と言えば当然で、それ自体を丸ごと拒絶するつもりはない。ただし、脱政治化が意味しているのは、こうした現代社会の傾向よりもいっそう深刻だ。それは脱政治化するかどうかの判断すら、そもそも私たちに機会を与えないような変化である。

本書の理解では、それは私たちの政治責任を否定する。その上で、私たちの人生上のある帰結に関して、自己責任で引き受けることを当たり前にするような機運の醸成とそれは結びつく。私たちの政治権力による関与がなく、個別の結果が自己責任の対象となるような変化を、脱政治化という言葉が意味するのであれば、それは政治責任とは衝突する。それはいわば、政治からの私たちの締め出しとしての脱政治化である。

脱政治化する状況では、政治的な選択が否定され、争点が論争化されない。政策や政権に関する決定は「これしかない」という論拠のもとで行われ、政治的決定であることを自ら否定する。あるいは、最終的な決定のみが私たちの選択の対象となり、それ以前の多くの可能性が排除されるような、より巧妙な脱政治化が進行しているかもしれない。

可能性があらかじめ廃されているので、その決定に関する政治責任が否定される。何か責任が問われるタイミングでは、せいぜい責任があると当局者に自認されるだけで、それは求心力を保つための修辞的な表現にとどまっている。責任が取られないのであれば、政治不信が高まらない方がむしろ不思議だ。本書では、政治不信の高まりに責任が取られるべきものだという考え方の反映を読み取り、その不満に可能性を見出してきた。政治不信が表面化する状況は、それが表面化しない、あるいは表面化されない状況よりも、幾分はましだ。

さらに都合のよい推理を重ねると、脱政治化は日常生活に政治を読み込む機会になるかもしれない。公共的な議論と決定の対象として政治化すべき課題が、日常に溢れていることを、私たちはよく知っている。それをたんにウェブ上で発散するのではなくて、ほんとうに変えたいのであれば、まずは政治責任をすすんで引き受けるしかない。政策に関する賛否以前の問題として、私たちの政治責任を何が阻害しているのかを見極める必要がありそうだ。政治責任を巨悪に向けた対抗というよりも、あるいはそれだけではなく、脱政治化されたものをふたたび政治的なものに変更する回路として、整備しておかなければならない。

政治化する責任

本書では、政治主体が応答しなければならない関係性として政治責任を考えてきた。それは政治的な行為として実現し、次の可能性を導くことで身代わり的に更新されていく。ときとして理不尽にも思われる、この集合的で持続的な性格は、他の責任と比べてかなり顕著な特徴である。逆に言えば、無責任は、政治権力の行使の不在を意味する。

ヤシャ・モンクは、個人の相応の報いを前提とした「責任の枠組み」の支配体制を問題化した。ウィリアム・コノリーは、同様の枠組みを「悪の責任」とよび、責任を倫理のみに排他的に還元し、それを個人に帰属させる後期近代の主体化の論理を解析した。こうした政治分析に導かれるようにして、政治責任に固執するような私たちの試みは、ある意味では倫理に悖《もと》る。それは倫理主体としての個人にさほど敬意を払わず、どれほど高潔であろうとも、あるいは低劣であろうとも、その個別のふるまいに対しては逐一反応しようとしないからだ。むしろ注目しているのは、主体と政治権力の関係である。

政治権力が主体を構成する契機に注目すれば、それは私たちにどのような意味で責任を、理不尽に授けるかと関係する。逆に、主体が政治権力を行使する契機に注目するなら、それはいかに責任を取るかと関係する。これらの内容は以下で整理するつもりだが、さしあたりいま確認しておくべきは、政治責任が私たちのあり方に関係する、公共的なものだという点だろう。

コリン・ヘイは、運命や不可避性の世界にあった争点が、人間の作為の対象となることを政治化とよんだ。そのため、政治責任は物事を政治化する際に生じる責任である。さらに、政治化と脱政治化の区別それ自体が公共的なものの一部であるかぎり、それに対する政治責任も、私たちが取るべきだろう。政治責任が担当するのは、政治的なものの事柄だけでなく、何が政治的なものなのかに関する判断である。

コノリーは責任がもたらす秩序および抑圧に対応するような、結晶化および暴露の両義的な政治を模索した。それは責任を捨て去るのではなく、ものごとを政治化する責任がもとめられた。あらかじめ設定された相応の報いはなく、それを公共的に模索しつづけることによって、その責任が果たされる。これまで政治的思考を規定してきた責任政治という共通理解があるとすれば、私たちの責任において、既存の政治責任のあり方を批判的に修正しつづけるような政治が、それであろう。言い換えれば、責任をつねに問題化する責任。政治責任はものごとの政治化が必要となる局面で、つねに到来する。

民主主義の死について

現在、政治学では、民主主義の死についての考察がちょっとした流行りになっている（たとえば、スティーブン・レビツキー、ダニエル・ジブラット『民主主義の死に方』新潮社、二〇一八年やデイヴィッド・ランシマン『民主主義の壊れ方』白水社、二〇二〇年）。民主主義はいつ、どういうかたちで終焉を迎えるのか。前世紀後半からつづく民主主義に関する理論化の作業がひととおり出揃い、議論の煮詰まり感を否定できない現代政治理論研究にとっては、歓迎すべきニュースと言えるかもしれない。しかし、それがこれまで盤石を誇ってきた、民主主義体制へのコンセンサスの綻びから生じた学的な流行りであるのなら、一挙に悲壮感を強める。

世界規模での民主化の行き詰まりと反動の顕在化、先進民主主義諸国での民主的な諸価値を否定する傾向の高まり、道具的な合理性による政治支配、露骨な敵対性による民主主義的な手続きの乗っ取りなど、民主主義の死を予感させる兆候はたしかに広範に見られる。民主主義が実現している程度に応じた、さまざまな死に方が透けて見えるようになってきたのが、どうやら現状のようだ。それでは、政治責任はそれとどのように関わるのか、民主主義の死についての代表的な著作をかなり思い切って整理した上で、その見通しをごく簡単に披露したい。

現代政治理論家のウェンディ・ブラウンによる『いかにして民主主義は失われていくのか』（みすず書房、二〇一七年）が中心的に論じるのは、政治責任や無責任ではなく、「責任化」である。すでにヤングやモンクの叙述でも十分に展開されているように、現代社会で責任が論じられるのは自己責任の強化という文脈である。ブラウンもまた、自己責任論にみられるような、自己の規律化とそれに対する責任の一方的な押し付けを観察し、その傾向を新自由主義の支配と結びつけて論じる。新自由主義は人間活動全般を経済の言葉に置き換える、民主主義に対する見えざる攻撃である。

彼女の表現を用いれば、政治主体としてのデモスは「個人的目的の個人的供給の確保を超えたところで、民主主義の実質と正統性をかたちづくる」(同上、九五頁)。この「超えたところ」には、政治的平等や自由、代表、人民主権、公共財と公共性に関する熟慮と判断などが含まれる。だが、いまやデモスは自己責任に拘束されて、公共的なつながりは廃棄されようとしており、民主政治は経済的なガバナンスの支配に屈している。「現代の新自由主義的ガバナンスは、責任を負う単位や個人を孤立した企業家に変えることによって、権威、意思決定、政策の実行と行為の規範を委譲することによって作動する。これらは、職場における個人やその他の小単位に自己責任を課す一方で、彼女ら、彼らを全体の権力とプロジェクトに捕縛しておくプロセスである」(同上、一四五頁)。

ブラウンの議論を本書に引き付けて解釈するなら、集団的な政治責任はいまや解体され、個人がそれぞれ引き受ける自己責任において、政治と関係する。個人を「超えたところ」にあるはずの、だが新自由主義的な合理性によって「経済化」されようとしているものたちの上述のリストに、政治責任を加えることは可能だろう。このとき、政治と適合的で、利益を引き出すことができる個人のふるまいは、まさに自己規律化の賜物であり、それは自らの責任の対象である。いまや権力にいかに合わせるかが私たちの責任であって、権力をどのように構成するかは責任ではない。

ブラウンもまた、脱出口は民主主義だ。「民主主義なくしては、私たちが現在に対するアカウンタビリティを果たし、私たちが自らの未来をつくる権利を与えるような言語や枠組みを失ってしまう」(同上、二四二〜四三頁)。政治責任が私たちから奪われることで危機に瀕するのは、私たちの未来である。

だれが責任を取るのか

それでは、政治責任の内容について確認したい。

本書では、だれが責任を取るかについて、私たちだという考えを提唱してきた。もちろん、政治権力の行使に深く関係する責任者は存在するし、その職務を否定するような意図は本書にはない。今後、民主主義がどのようなものとして構想されようとも、そうした権力行使に関する権限をある程度担うような立場があることを否定できそうにない。だからこそ、本書ではアカウンタビリティの部分的な改鋳を試みたのだ。

責任を取る政治家もいるだろうし、取らない政治家もいる。それにもかかわらず、どのような人間を責任者にするかは、私たちの責任の問題だ。そして、責任を取らない政治家の跋扈を許すような政治制度の存続もまた、私たちの責任の問題である。

政治責任では、相応の報いが破綻している。その意味で、理不尽の連続である。

自己責任論では、悪に対する等価的な引き受けが個人レベルで想定されている。すなわち、自分の失敗(と想定されるもの)を自分が引き受ける。その相応の報いで、責任関係は完結する。そのため、自らの責任についての拒絶(と想定されるもの)に対するルサンチマンが発生する。こうした責任感覚はたしかに、市場における等価交換と外面上は似ており、資本主義社会により適合的だと言えるかもしれない。

これに対して、政治責任には相応の報いはいつまでもやってこないし、それ自体を合理的に設定するものはそもそもない。政治責任のはじまりに関して、私たちに選択の余地がない。たしかに私たちは政治権力に取り込まれているが、それは同時に、その行使に何らかの意味で参加できる資格があるということだ。責任は理不尽に与えられるが、それはまた便益でもある。政治主体と政治権力との両義的な関係性は、民主主義を他の政体と区別する、かなり顕著な特徴だ。

政治責任にそれ相応の因果や償いはない。なぜなら、政治責任は完結しないからである。責任は次の選択を導くという形式によって取られるものであり、ある特定の内容によって果たされるわけではない。責任者の個人レベルの責任は想定可能だが、それは政治権力に関する権限の変更によって、責任が取られる。それは政治責任全般の個人的な引き受けではなくて、その部分に関するアカウンタビリティの問題として理解すべきである。私たちの政治責任は、その形状を変えながら、次の世代へと理不尽に継承されていく。政治主体の組織化にひきつづき関わり、それが完結しないという点で、政治責任はかなり特異である。ヤン＝ヴェルナー・ミュラーの表現を借りれば、民主主義とは、「被治者が治者のしてきたこと（そして言うに及ばないが、彼らによる未来についての約束）を審理するということ、つまり繰り返される集合的責任の契機を扱うこと」である（『憲法パトリオティズム』四七頁）。

そして私たちには、自己や他者が含まれる。政治責任は身代わり可能な性質をもつので、それにだれが含まれるのか、現時点で定めるのは困難だ。そのため、責任を取るのは私たちだとしか表現できない。政治責任に関するわからなさのひとつめは、定義されることを拒絶するような私たちの存在であり、その内容を確定できない。

どうやって責任を取るのか

そして、政治責任に関するわからなさのふたつめは、すぐにつづいてやってくる。政治責任を取るには、何をすればよいのか、よくわからない。政治責任を取ることの中身は不明だ。たしかに、それを知ってか知らずか、不祥事を起こした政治家に、職務に邁進することが政治責任を取ることだと言われてしまう余地があるようにもみえる。この点についてはすでに論及したので繰り返さないが、政治責任を問題化するのは私たちだということを再確認しておこう。

たしかに責任を取ることの内容は特定できないが、その基準とよぶべき、形式については、本書はある程度まとめてきた。政治責任を取るとは、次の選択可能性を導くような、責任を次代に継承する行為である。それは政治権力の行使とともにある。というか、責任のない権力は権力ではない。政治責任は、未来の構築に参加する資格である。民主主義において、私たちは、政治権力の送り手であり受け手でもあり、それは循環している。

さて、ここで政治責任の取り方として、金銭的な代償が可能なのかという論点を本書のかなり前方からたぐり寄せてみたい。何らかの失政や不正を行った責任者個人が、法的責任は問われなかったとしても、政治責任を果たすために給与の減額などの、金銭的な措置を取る場合である。責任を取ることの内容が特定されていないのであれば、金銭的な代償もその選択肢のひとつとして考えることができるかもしれない。しかし、本書のこれまでの叙述からして、その肯定はかなり難しそうだ。

まず、金銭的な代償が私たちが共有する財産の蓄積に寄与して、その政治権力が行使される余地を拡大するという解釈が可能であるのなら、この責任の取り方は否定されるべきではない。だが、それが総量からしてほんのわずかな寄与しかなく、政治権力の形態にさほど影響を与えないような措置であるのなら、やはり責任を取ったとは言い難い。注目すべきは、政治権力の行使に関する責任者個人の権限に、選択にともなう何らかの変化があるかどうかである。それに変化がないとすれば、やはり責任が取られたとはいえない。権限への居直りは、政治権力の行使を否定し、次の選択を導かない。

本書はさらに別の論拠から、金銭的な代償によって政治責任を取るという方策を批判したい。それは金を払って責任が完結するような相応の報いを、政治責任は想定していないからだ。政治責任はあくまで次の選択を導き、権力を私たちの間で継承していくことを目的とする。自発的な給与の削減という提案については、政治責任の履行とは別の文脈を想定した方がよさそうだ。

最後にもっとも極端な例、政治責任を命で弁済できるかについても簡単に触れておこう。政治家の立場を利用して、不法な株式利益を得ていたとされる新井将敬衆議院議員が、逮捕許諾決議が国会で採決される直前に、現職のまま自殺したのは、一九九八年二月のことであった。評論家の久野収の指摘によれば、新井議員の自死は、いさぎよさという点で世間から美化される可能性は否定できないものの、政治に必要な結果責任があきらかに欠如している。「生きて自らに課せられた疑惑を世間が納得するように説明するのが、政治家としての結果責任の取り方である」(「新井将敬議員の自殺と政治家の責任の取り方」『金曜日』一九九八年、二〇八号)。つまり、政治責任は命と釣り合わない。当時の久野の冷静な思考が私たちに映し出すのは、他の価値で代替できず、次の政治責任を導くという行いでしか償うことができない、かなりユニークな政治責任のかたちである。政治責任にとって、命が重いや軽いというのは別次元の問題である。

すでにみてきたように、結果責任は次なる行動を導く原理であり、それによってこれまでの経緯について責任を取る。結果責任としての政治責任が、何か特定の非政治的な代償を要求したり、何らかの社会問題を解消したりするわけではない。政治責任を別の責任や道徳によって置き換えることはできない。

いつ責任を取るのか

すでに次のわからなさの領域に踏み込んでいるので、たてつづけにそれを確認したい。政治責任は、その過去と未来について、わからなさが残存している。

過去に関して、責任がいつ発生したか、よくわからない。たしかに歴史上の政治的な出来事については日時を確定できるものは、いくつもある。しかし、そうした出来事が、いつ私たちに政治責任を取るようにもとめたのかは不明だ。そもそもそうした要請があるのかも、よくわからない。そのため政治責任が、過去をめぐる私たちの解釈に大きく依存しているのはたしかだ。

くりかえすが、こうした政治責任を共有できることは、私たちにとっても重荷であるとともに、便益でもあるのだ。それは私たちの権力行使を要請している。その意味で、私たちの政治的な過去をいっさい忘却してしまうと、私たちの責任を解消することになるかもしれない。私たちの政治責任がいっさい解消された世界にあるのは、上からの職務の配分をともなうような、私たちのステイタスに関する現状の押し付けだ。

「責任がある」という状態は、過去志向的である。私たちは過去から責任を与えられ、過去との応答をもとめられている。それに応答する責任は、未来の選択可能性を維持することで取られつづける。しかし、いつ責任が取られるのかも、よくわからない。政治責任は取られつづけるような関係であり、未来のいつの時点でそれが完結するかは不明だ。

「責任の枠組み」や「悪の責任」は、個人が過去をいかに補填するかに焦点が置かれている。これらの責任は一度きりの整合的な応答だ。これに対して、政治責任には相応な報いは想定されず、いつまでも主体による応答と権力の循環がつづいていく。その意味で終わりがない。もちろんそれは、無限の負い目でもなければ、謝りつづけるべき罪でもない。私たちの責任において、何度でも公共的な決定を積み重ねることが可能だという意味での、終わりのなさである。

政治は道徳ではない。そのため、私たちがかつて何らかの政治的選択を支持したからといって、それに何らかの代償がともなうわけではない。そして、それに関する責任は個人のものではない。政治責任を個人に帰することができるという発想は、政治権力を高尚に評価しすぎており、また非民主主義的な考えである。政治責任は次の選択をみちびくのみである。そのため、かつての支持や決定を覆すことも、必要であれば可能だ。民主政治において、責任は私たちのもとにあり、それを奪ったり、捨てたりすることはできない。たとえ、どんなに不幸で悲惨な政治的な決定を重ねたりしても、である。私たちの政治責任を奪ってしまうと、その政治体制は民主主義ではなくなる。

過去と未来に関して、私たちの政治責任はかなり不透明だ。そのため、それはいつでも、瞬時に解消されうるという自覚が必要かもしれない。こうしたスリリングな状況で、現在にできることは、政治責任を取りつづけるということのほかに、何かあるだろうか。

私たちの政治責任

政治責任を取らせたいという出発点から、その内容を考えてきた旅路は、私たちがいま取らざるをえないという結論に至った。政治責任の居場所を探るという本章のテーマに立ち戻ると、どうやらこうした探訪自体がその居場所だと言えそうだ。政治責任を考える課題は、民衆による統治としての民主主義を評価し、解釈し、実践するような課題の中軸である。こうした議論をこれまで一冊分つづけてきた私たちは、気づかないうちに、民主主義的な行為の渦中に足を踏み入れている。

これだけわからなさがある状況で私たちが責任を取ろうとするとき、それは無責任とかなり接近している。政治学も政治責任のこうしたわからなさに対して、何らかの有効な回答をもっているわけではない。だからこそ、そのわからなさに私たちが向き合い、みんなで決めていくしかないだろう。私たちは自らに対して応答する。

「漫才」を再演させないためには、政治責任を私たちが取りつづけるしかない。

あとがき

けっきょく、政治責任の重さとは何だったのだろうか。それは命やお金で直接的に代替できるような重さではない。本書の理解によれば、それは時間の重さである。民主主義の持続にともなう固有の重さ、と表現すべきかもしれない。

この重さは、どのような統治形態においても基本的には共通して存在するような、統治行為に関する責任の重さと混同されてはならない。政治責任が問題にしているのは、私たちによる自己統治の実現についての、その無数の行為が堆積した重みである。

こうした固有の重さに苛まれるという意味で、民主主義にはたしかにストレスがつきまとう。本書ではその重さを、できるだけ広く、みんなで分かち合ってみようと提案してきた。この提案はとりたてて斬新ではないが、私の専門分野の政治理論がどのようなかたちで一般社会と接続するかに気を使ってきた、本書の着地点としては、いちおうは納得できるものである。

本書は専門家の方々の重厚な知見に支えられながらも、その界隈に一石を投じようとする気概はさほどない。むしろ、人生の折り返し地点にあって、これまで圧倒的に長い時間を共に過ごしてきた非専門家の市井の皆さんに向けて、このような話を披露することを最大の使命と考えている。本書で登場した表現を用いるなら、ときとして政治とは何かを自問するような、臨時の政治学者に向けて書かれた。そのほとんどの方たちは、私がこのような仕事をしていると承知していない。これまでのご厚情に代えて、ささやかながら本書を捧げたい。

本書の歴史的な背景として、ふたつの事柄を指摘することができる。ひとつは本文中に明示的だが、コロナ禍である。在宅時間の長さが本書の生まれたもっとも簡明な理由であるのみならず、こうした社会情勢にあって、政治理論や民主主義はどうあるべきかは、つねに念頭にあった課題である。民主主義に関するさまざまな価値や評価が、コロナ禍によって揺らいだのも事実だ。その本格的な解釈や応答については別稿を準備しており、他日を期したいと考えているが、本書の流れからして明らかなのは、あらゆる政治体制のうち、コロナ対応の是非を私たちが判断できるのは民主主義だけだという事実である。民主主義は政治責任を問うことができる。この優位さを自ら捨てるような処置や選択は、かなり愚かしいと言うべきだろう。

もうひとつの歴史的な背景は、こちらの方が若干目立たないが、久しぶりの衆議院総選挙である(二〇二一年一〇月三一日)。本書では、書き始めはこの日程を意識し、選挙の見方をいっそう豊穣にできればという気持ちで筆がとられた。その気持ちは打ち捨てられたわけではないものの、本書の射程はより一般的な政治責任のあり方へと自然と膨張していった。それは政治責任の問題が、ひとつの選挙によって一挙に片付くほど簡単なものではないとする本書の理解からすれば、当然の成り行きだったかもしれない。民主主義とのつき合い方のマニュアルとして、一家に一冊という感じで、末永く本書をご参照いただければ幸いである。

こうした歴史的な背景のもと、一気呵成に書かれたため、私の既存の著作に本書はほぼ依拠していない。そのため、議論の展開や帰結に目論見がほとんどないまま、政治責任の探索がはじめられたという点も異例である。私としては、勤務先の講義に参加してくれる多くの学生を含む、これまでお世話になった臨時の政治学者の皆さんと、短時間ながらも、いっしょに旅をした気分である。

このように、政治責任がほんとうに発見できるのかという不安とともにはじまり、その固有の重さの自覚にともなう別の不安とともに終わりを迎える本書ではあるが、要所では的確なコメントとアドバイスを頂戴しながら、その推進力を得てきた。それが必要な折にたまたま居合わせ、本書の草稿を読んでいただく災難を被った、杉田敦先生(法政大学)および山崎望先生(駒澤大学)に感謝を申し上げたい。政治理論研究会の皆さんには、オンライン形式での本書の報告に多大な論点をご提示いただき、お礼を申し上げる。その折、私自身が黄砂アレルギーだと知れて、またウェブ会議システムだと文字通り空気感を共有できず、ひとりで苦しまなければならないと知れたのも、この先の人生とコミュニケーション様式に関して、新たな発見であった。

また本書の企画段階で相談にのっていただいた岩波書店の押川淳氏、担当編集として本書の具体化にご尽力いただいた伊藤耕太郎氏と中山永基氏に感謝を捧げたい。

希望を描くことすら難しくなってきた世の中で、本書が少しでも明るく未来を照らし出すことができたのであれば、これ以上の喜びはない。

二〇二一年一一月

鵜飼健史

鵜飼健史

1979年愛知県生まれ
2009年一橋大学大学院社会学研究科博士後期課程単位取得退学
2010年同博士号取得
日本学術振興会特別研究員，早稲田大学社会科学総合学術院助教等を経て
現在ー西南学院大学法学部教授
専攻ー政治理論
著書・論文ー『人民主権について』(法政大学出版局，2013年)，「生きている主権論――台湾政治学と主権の現実性」(『年報政治学』2019-I)，「時間の中の民主主義」(『思想』1150号)
訳書ーナディア・ウルビナティ『歪められたデモクラシー』(岩波書店，2021年)

政治責任
民主主義とのつき合い方　　岩波新書(新赤版)1913

2022年2月18日　第1刷発行

著　者　鵜飼健史《うかいたけふみ》

発行者　坂本政謙

発行所　株式会社 岩波書店
〒101-8002 東京都千代田区一ツ橋2-5-5
案内 03-5210-4000　営業部 03-5210-4111
https://www.iwanami.co.jp/

新書編集部 03-5210-4054
https://www.iwanami.co.jp/sin/

印刷・三陽社　カバー・半七印刷　製本・中永製本

ISBN 978-4-00-431913-9　　Printed in Japan

岩波新書新赤版一〇〇〇点に際して

ひとつの時代が終わったと言われて久しい。だが、その先にいかなる時代を展望するのか、私たちはその輪郭すら描きえていない。二〇世紀から持ち越した課題の多くは、未だ解決の緒を見つけることのできないままであり、二一世紀が新たに招きよせた問題も少なくない。グローバル資本主義の浸透、憎悪の連鎖、暴力の応酬——世界は混沌として深い不安の只中にある。

現代社会においては変化が常態となり、速さと新しさに絶対的な価値が与えられた。消費社会の深化と情報技術の革命は、種々の境界を無くし、人々の生活やコミュニケーションの様式を根底から変容させてきた。ライフスタイルは多様化し、一面では個人の生き方をそれぞれが選びとる時代が始まっている。同時に、新たな格差が生まれ、様々な次元での亀裂や分断が深まっている。社会や歴史に対する意識が揺らぎ、普遍的な理念に対する根本的な懐疑や、現実を変えることへの無力感がひそかに根を張りつつある。そして生きることに誰もが困難を覚える時代が到来している。

しかし、日常生活のそれぞれの場で、自由と民主主義を獲得し実践することを通じて、私たち自身がそうした閉塞を乗り超え、希望の時代の幕開けを告げてゆくことは不可能ではあるまい。そのために、いま求められていること——それは、個と個の間で開かれた対話を積み重ねながら、人間らしく生きることの条件について一人ひとりが粘り強く思考することではないか。その営みの糧となるものが、教養に外ならないと私たちは考える。歴史とは何か、よく生きるとはいかなることか、世界そして人間はどこへ向かうべきなのか——こうした根源的な問いとの格闘が、文化と知の厚みを作り出し、個人と社会を支える基盤としての教養となった。まさにそのような教養への道案内こそ、岩波新書が創刊以来、追求してきたことである。

岩波新書は、日中戦争下の一九三八年一一月に赤版として創刊された。創刊の辞は、道義の精神に則らない日本の行動を憂慮し、批判的精神と良心的行動の欠如を戒めつつ、現代人の現代的教養を刊行の目的とする、と謳っている。以後、青版、黄版、新赤版と装いを改めながら、合計二五〇〇点余りを世に問うてきた。そして、いままた新赤版が一〇〇〇点を迎えたのを機に、人間の理性と良心への信頼を再確認し、それに裏打ちされた文化を培っていく決意を込めて、新しい装丁のもとに再出発したいと思う。一冊一冊から吹き出す新風が一人でも多くの読者の許に届くこと、そして希望ある時代への想像力を豊かにかき立てることを切に願う。

（二〇〇六年四月）

政治

「オピニオン」の政治思想史　堤林剣　堤林恵
戦後政治史〔第四版〕　石川真澄　山口二郎
尊厳　マイケル・ローゼン　内尾太一　峯陽一 訳
デモクラシーの整理法　空井護
地方の論理　小磯修二
SDGs　南博　稲場雅紀
暴君　スティーブン・グリーンブラット　河合祥一郎 訳
ドキュメント 強権の経済政策　軽部謙介
リベラル・デモクラシーの現在　樋口陽一
民主主義は終わるのか　山口二郎
女性のいない民主主義　前田健太郎
平成の終焉　原武史
日米安保体制史　吉次公介
官僚たちのアベノミクス　軽部謙介

在日米軍 変貌する日米安保体制　梅林宏道
矢内原忠雄 戦争と知識人の使命　赤江達也
憲法改正とは何だろうか　高見勝利
共生保障〈支え合い〉の戦略　宮本太郎
シルバー・デモクラシー 戦後世代の覚悟と責任　寺島実郎
憲法と政治　青井未帆
18歳からの民主主義◆　岩波新書編集部編
検証 安倍イズム　柿崎明二
右傾化する日本政治　中野晃一
外交ドキュメント 歴史認識◆　服部龍二
日米〈核〉同盟 原爆、核の傘、フクシマ　太田昌克
集団的自衛権と安全保障　豊下楢彦　古関彰一
日本は戦争をするのか　半田滋
アジア力の世紀　進藤榮一
民族紛争　月村太郎
自治体のエネルギー戦略　大野輝之
政治的思考　杉田敦

現代日本の政党デモクラシー　中北浩爾
サイバー時代の戦争　谷口長世
現代中国の政治　唐亮
政権交代とは何だったのか◆　山口二郎
日本の国会　大山礼子
戦後政治史〔第三版〕　石川真澄　山口二郎
〈私〉時代のデモクラシー　宇野重規
大臣〔増補版〕　菅直人
生活保障 排除しない社会へ　宮本太郎
「戦地」派遣 変わる自衛隊　半田滋
民族とネイション　塩川伸明
昭和天皇　原武史
集団的自衛権とは何か　豊下楢彦
沖縄密約　西山太吉
吉田茂　原彬久
市民の政治学◆　篠原一
東京都政　佐々木信夫
有事法制批判　憲法再生フォーラム編

岩波新書より

法律

少年法入門　廣瀬健二
倒産法入門　伊藤眞
国際人権入門　申惠丰
AIの時代と法　小塚荘一郎
労働法入門〔新版〕　水町勇一郎
アメリカ人のみた日本の死刑　デイビッド・T・ジョンソン　笹倉香奈訳
虚偽自白を読み解く　浜田寿美男
親権と子ども　榊原富士子　池田清貴
裁判の非情と人情　原田國男
独占禁止法〔新版〕　村上政博
密着 最高裁のしごと　川名壮志
「法の支配」とは何か 行政法入門　大浜啓吉
会社法入門〔新版〕　神田秀樹
憲法への招待〔新版〕　渋谷秀樹
比較のなかの改憲論　辻村みよ子
大災害と法　津久井進
変革期の地方自治法　兼子仁
原発訴訟　海渡雄一
民法改正を考える◆　大村敦志
労働法入門◆　水町勇一郎
人が人を裁くということ　小坂井敏晶
知的財産法入門　小泉直樹
消費者の権利〔新版〕　正田彬
司法官僚 裁判所の権力者たち　新藤宗幸
名誉毀損　山田隆司
刑法入門　山口厚
家族と法　二宮周平
会社法入門◆　神田秀樹
憲法とは何か　長谷部恭男
良心の自由と子どもたち　西原博史
著作権の考え方　岡本薫
法とは何か〔新版〕　渡辺洋三
日本の憲法〔第三版〕　長谷川正安
憲法と天皇制　横田耕一
自由と国家　樋口陽一
憲法第九条　小林直樹
日本人の法意識　川島武宜
憲法講話◆　宮沢俊義

(2021.10)　◆は品切，電子書籍版あり．　(B)

岩波新書/最新刊から

1903 江戸の学びと思想家たち　辻本雅史 著
〈知〉を文字によって学び伝えてゆく「教育社会」が個性豊かな江戸思想を生んだ。〈学び〉と〈メディア〉からみわたす思想史入門。

1904 金融サービスの未来 ―社会的責任を問う―　新保恵志 著
金融機関は社会の公器たり得ているのか？徹底した利用者目線から、過去の不祥事を検証し、最新技術を解説。その役割を問い直す。

1905 企業と経済を読み解く小説50　佐高信 著
疑獄事件や巨大企業の不正を描いた古典的名作から、二〇一〇年代に刊行された傑作まで、経済小説の醍醐味を伝えるブックガイド。

1907 うつりゆく日本語をよむ ―ことばが壊れる前に―　今野真二 著
安定したコミュニケーションを脅かす、「壊れかけたことば」が増えている。日本語の今に私たちの危機を探り、未来を展望する。

1908 人の心に働きかける経済政策　翁邦雄 著
銀行取付、バブル、貿易摩擦、異次元緩和などを題材に、行動経済学の成果を主流派のマクロ経済学に取り入れた公共政策を考える。

1909 幕末社会　須田努 著
動きだす百姓、主張する若者、個性的な女性――幕末維新を長い変動過程として捉え、先の見えない時代を懸命に生きた人びとを描く。

1910 民俗学入門　菊地暁 著
普通の人々の日々の暮らしから、「人間にかかわることすべて」を捉える。人々の歴史から世界を編みなおす、「共同研究」への誘い。

1911 俳句と人間　長谷川櫂 著
生老病死のすべてを包み込むことができる俳句の宇宙に、癌になった俳人があらためて向き合う。「図書」好評連載、待望の書籍化。

(2022.2)